超実践！

サラリーマン節税術

税理士
社会保険労務士
ファイナンシャルプランナー
梅本正樹

彩図社

はじめに

この本を手に取られたあなたに限らず、サラリーマンなら誰しもこう願ったことがあるはずです。

「もっと給料が高ければなあ」と。

いくら願ってみてもそう簡単に給料が上がるはずはないことを、この国の約6000万人のサラリーマンはみんな承知しています。

給料を上げる方法としてすぐに思いつくのは、残業で稼ぐこと、長期勤続により少しずつでも昇給を積み重ねることくらいでしょうか。

いずれも楽なことではありません。また、近年の働き方改革によって残業には規制時間が設けられ、原則としてひと月あたり45時間以上の残業は認められていません。

ところが、楽をして給料を上げる方法があるのです。

正確に言えば、楽をして給料の手取額を上げる方法がある、ということになります。その方法とは、**総支給額はそのままに、控除額を減らす**ことです。そうすれば、結果として給料手取額がプラスになるからです。

とはいえ、多忙な皆様のことですから、ご自分の給料から税金や社会保険料がいくら控除されているのか、給料明細書を落ち着いて見るような時間さえあまりないものとお察しします。

一般的なサラリーマンの場合、給料から次のものが天引きされることになります。

所得税率……………5～20％
住民税率……………10％
社会保険料率…約15％

この結果、**控除率はおおよそ給料総支給額の15～30％**となります。給料が40万円のサラリーマンであれば、控除額は10万円ほど、年額に直せば約１２０万円が、給料から引かれてしまいます。

もし、このうち1％でもカットできれば、1・2万円の手取額の増加になりますね。

ですので、まずは控除額を少しでも減らすことが手取アップ活動の中心となります。

社会保険料に関しては、勤務先の事務処理により保険料が確定してしまうので、カットの余地は限定されてしまいます。

一方、税金の方は、サラリーマン自身が年末調整や確定申告などで、税額確定に関わる機会があります。そのため、**節税のチャンスが多々ある**のです。

本書では、あらゆる場面で活用できる節税方法を数多く掲載しました。これらの中から自分に合った方法を選び、手取をアップさせましょう。

近年ではインターネットでの申告が普及し、以前よりも簡単に税金の還付を受けることができるようになっています。本書では、最も簡単な「書面提出方式」を中心に解説しています。

また昨今、世間を賑わせているトピックワードに、**「副業解禁」**と**「有給5日の義務化」**

があります。

かつては終身雇用により、副業禁止は当然のこと、隠れて行っていた副業がばれようものなら懲戒解雇ものでした。ところが時代は移ろい、現在の日本にサラリーマンの終身雇用を保証できる企業などどこにもありません。

さらにかつての週6日労働制が週5日労働制となり、いまや週4日労働制の企業なども出現してきています。

このような労働環境の変化にまるで時を合わせるかのように、国の方も従来の立場を180度転換し、「副業解禁」へと舵を切ったのです。

また、2019年4月に施行された「有給5日の義務化」により、企業はほとんどの従業員に対して、年間5日の有給休暇を与える義務が生じるようになりました。

この動きもサラリーマンの副業化に拍車をかける結果となっています。

世の中の流れが副業を後押しする方向へ向かっているのであれば、サラリーマン自身もそれを有利に活用した方が得です。

事情が許せば副業をすることで世帯収入を増やし、節税することでさらに世帯収入を増やすことができれば、家計にとってはダブルメリットです。

職業人生の長期化により、今や元気であれば70歳まで普通に働く時代となりました。働く年数が伸びた分、節税額のトータルもそれに比例して増加しています。

皆様が本書を活用して節税や副業を成功させることで経済的に安定し、それによって心豊かな人生を手にすることを願ってやみません。

梅本正樹

もくじ

1章 節税によって手取が増える仕組み

2章　サラリーマンができる節税はこんなにある

3章　確定申告をしてみよう

4章　副業で個人事業主になればもっと節税できる

【用語の説明】

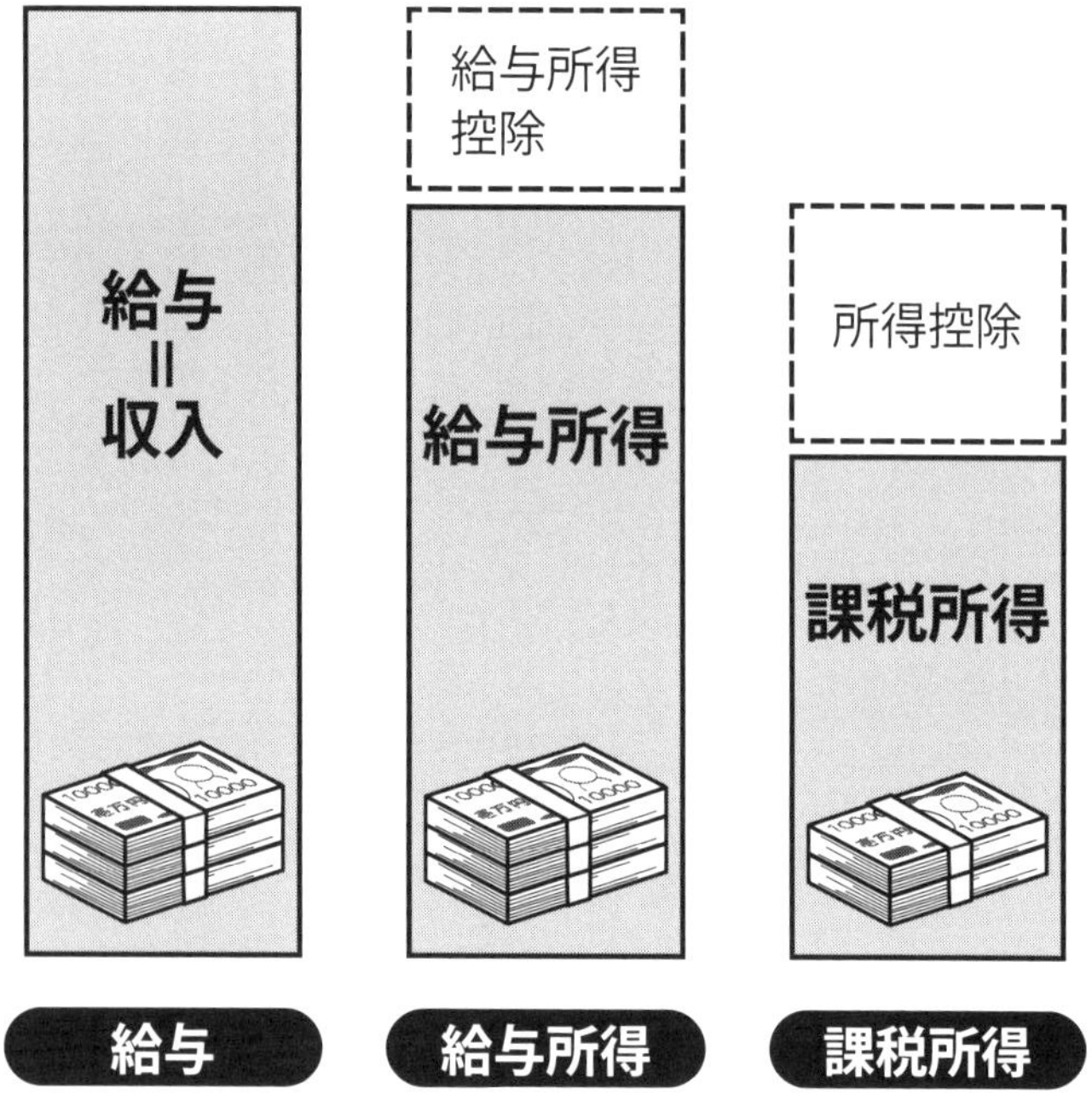

…給与から給与所得控除を引いたもの

…給与所得から所得控除分を引いたもの

序章

自分がどれくらい税金を払っているか把握していますか？

サラリーマンは税金に無頓着？

世の中で働く人々のタイプには、大きく分けて2種類あります。
このうち断然多数派であるのは**サラリーマン**です。
もうひとつは、そのサラリーマンを使う側である**経営者**です。

後者の経営者は、税金に関して非常に高い関心を持っています。なぜなら自社の税金を低く抑えることができれば、結果的に業績が向上することになるからです。税金の知識を得ておくことは、経営者として重要な職務の一環でもあるのです。

一方、サラリーマンは、税金に対する関心が薄いようです。特に日本のサラリーマンは諸外国のサラリーマンと比較してもその傾向が強いと言われています。

その理由は、**源泉徴収制度**です。

これは皆様もご存じの通り、給料から税金が差し引かれる制度です。そのため、自分で税金を支払っているという意識が薄いのです。

諸外国のサラリーマンは税金を自分で計算して支払うケースが多いので、税金に対する関心が自然と高いようですが、日本のサラリーマンの中には、いったい自分がいくら税金を払っているか知らない人もいるようです。

あなたは、自分が支払った税金の額をご存知ですか？

自分が払っている税金の確認方法

税金は、**給料**から源泉徴収されます。

給料にはひと月ごとに支給される「月給」の他

にも「週給」や「日給」などもあります。

月給の場合は年間で12回、支給のたびに税金が源泉徴収されます。その額は会社から受け取る**「給料明細書」**に記載されることになります。

会社から受け取る金銭にはもう一種類、**賞与**もあります。

支給時期は企業により異なりますが、一般的には7月と12月の年2回、業績の良い企業などではさらに「決算賞与」が支給されることもあります。

つまり賞与に関しては、年間2、3回源泉徴収されることになります。

源泉徴収された税金の額は、会社から受け取る**「賞与明細書」**に記載されます。

そしてそれらの合計額は、年末年始に会社から渡される、その名も**「源泉徴収票」**にまとめて記載されることになります。

源泉徴収票は年に1回、賞与明細書は年に数回だけ受け取るものであるのに対して、給料明細書は毎月受け取ります。皆さんにとっても、給料明細書は馴染み深い書類なのではないでしょうか。

そこで、まずは給料明細書を見てみることにしましょう。

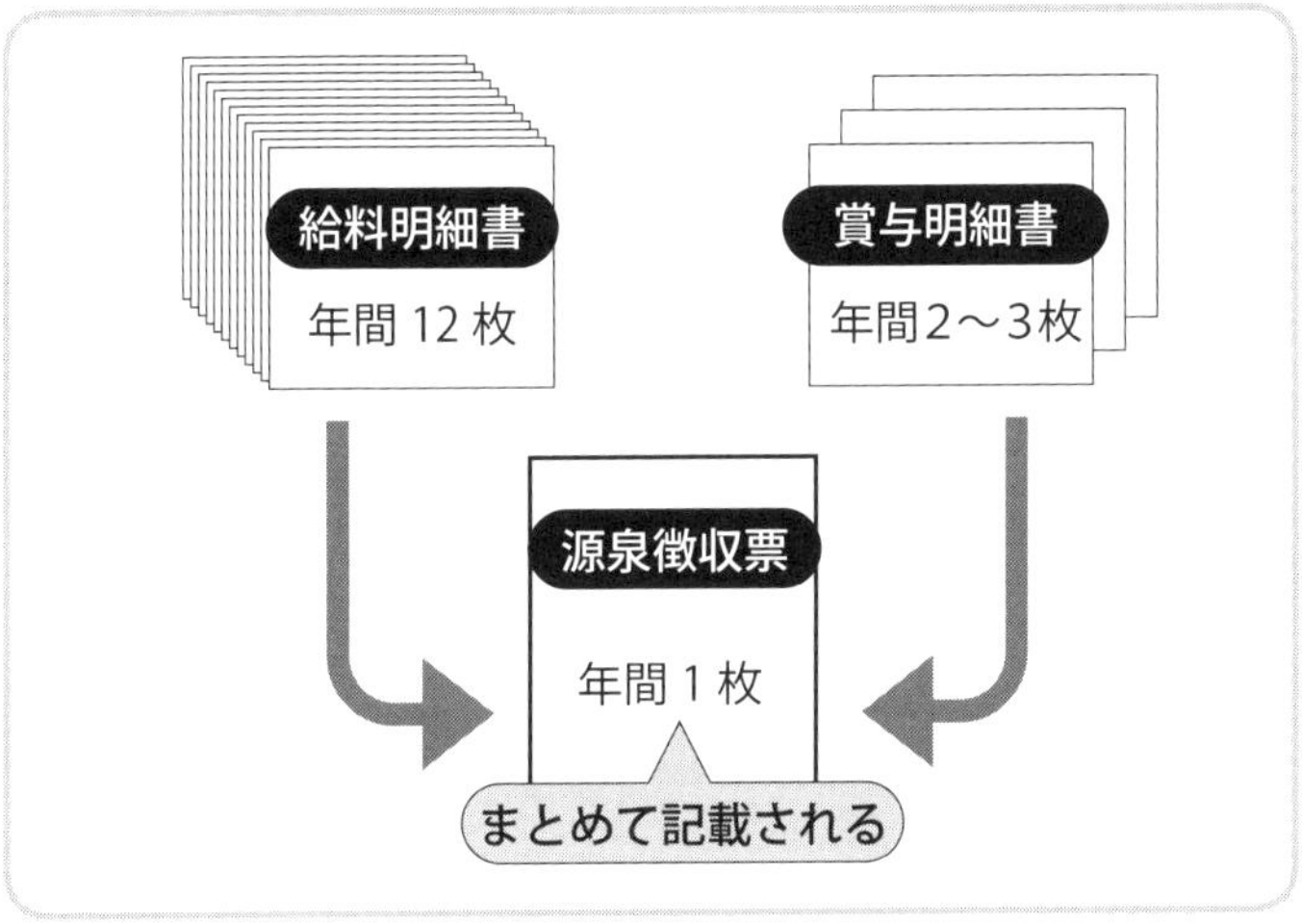

まずは給料明細書を見てみよう

かつて給料明細書は紙で受け取っていましたが、近年では電子データ化もされているようです。とはいえ、どちらも様式は似たり寄ったりです。

給料明細書には、タテ書きと横書きの2種類があります。23ページには、縦書きの様式をサンプルとして表示しました。

なお理解を進めるため、項目を極力単純化してあります。実際に皆さんが受け取る給料明細書には、もっと多くの項目が羅列されているのではないでしょうか。

そのためサラリーマンの多くは、せっかく給料明細書を毎月もらっていても、すべての項目をいちいち確認することはないでしょう。最終項目の「差引支給額」しか見ていないかもしれません。

ですが、ここで注目していただきたいのは、他の欄です。

控除欄に注目！

給料明細書の中で一番注目してほしいのは、「控除欄」にある税金の項目です。

税金と聞くと「所得税のことでしょう？　そんなこと言われなくても知ってますよ」と言いたくなるかもしれません。

しかし税金は、所得税だけではありません。**「⑧所得税」**の次に**「⑨住民税」**という項目もあります。

つまりサラリーマンの給料にかかる税金は、「所得税」と「住民税」となるのです。

【給料明細書】

		項　目	金　額
支給欄	①	基本給	400,000
	②	役職手当	30,000
	③	家族手当	20,000
	④	通勤手当	10,000
	⑤	時間外手当	15,000
	⑥	支給計（①～⑤）	475,000
控除欄	⑦	社会保険料	70,000
	⑧	所得税	17,000
	⑨	住民税	23,000
	⑩	控除計（⑦～⑨）	110,000
	⑪	差引支給額（⑥～⑩）	365,000

注目ポイント

より厳密に言えば、2013年以降は「復興特別所得税」も給料から差し引かれています。ただこれは所得税に対して2・1%と重要性が低いので、一般の給料明細書では「所得税」に含まれて表示されます。

税金界のボスは「所得税」

税金の種類（税目）は、所得税・法人税・消費税・固定資産税等々、数えきれないほどあります。

なかでも**所得税**は、すべての税金の最上位に位置するものと言えます。いわば税金界のボス的存在と言えるのです。

税収の面でも所得税は、法人税や消費税を抑えて堂々のトップに君臨しています。国の収入に相当する「歳入」のうち30・3%（2017年）が所得税なのです。

徴税される側のサラリーマンとしては、この**比重の高い所得税を節約することが効率の**

良い節税につながるのです。

伏兵は「住民税」

先ほどは所得税のことを「税金界のボス」と表現しました。

ところが、あまり目立たないのですが、その王座を陰から虎視眈々と狙っている存在がいます。それが伏兵とも言うべき**住民税**です。

税収額は、所得税が年間約19兆円、住民税は約13兆円となっています（2017年）。金額では所得税に軍配が上がりますが、納税者数で比較すると、所得税が約5200万人なのに対し、住民税は約6100万人と、住民税の方が逆転します。

今あなたがご自分の給料明細書をお持ちなら、ご覧いただけますでしょうか。

給料明細書の控除欄の所得税と住民税を見比べてください。

どうでしょう、意外なことにほとんどの場合、**金額的には住民税が所得税より大きい**はずです。

23ページの給料明細書でも、「⑧所得税」よりも「⑨住民税」の方が大きくなっていますね。

この例から見ても、一般のサラリーマンにとって**住民税の重要性はかなり高い**と言えるのです。

「社会保険料」はひとまずあきらめよう

また、もう一つの主要項目として**「⑦社会保険料」**があります。

この中には、健康保険・介護保険・厚生年金保険・雇用保険など数種類の保険料が混在しています。それらを総称して「社会保険料」と呼んでいるのです。

給料明細書を眺めると、控除欄にはまず「社会保険料」が、次に所得税や住民税などの

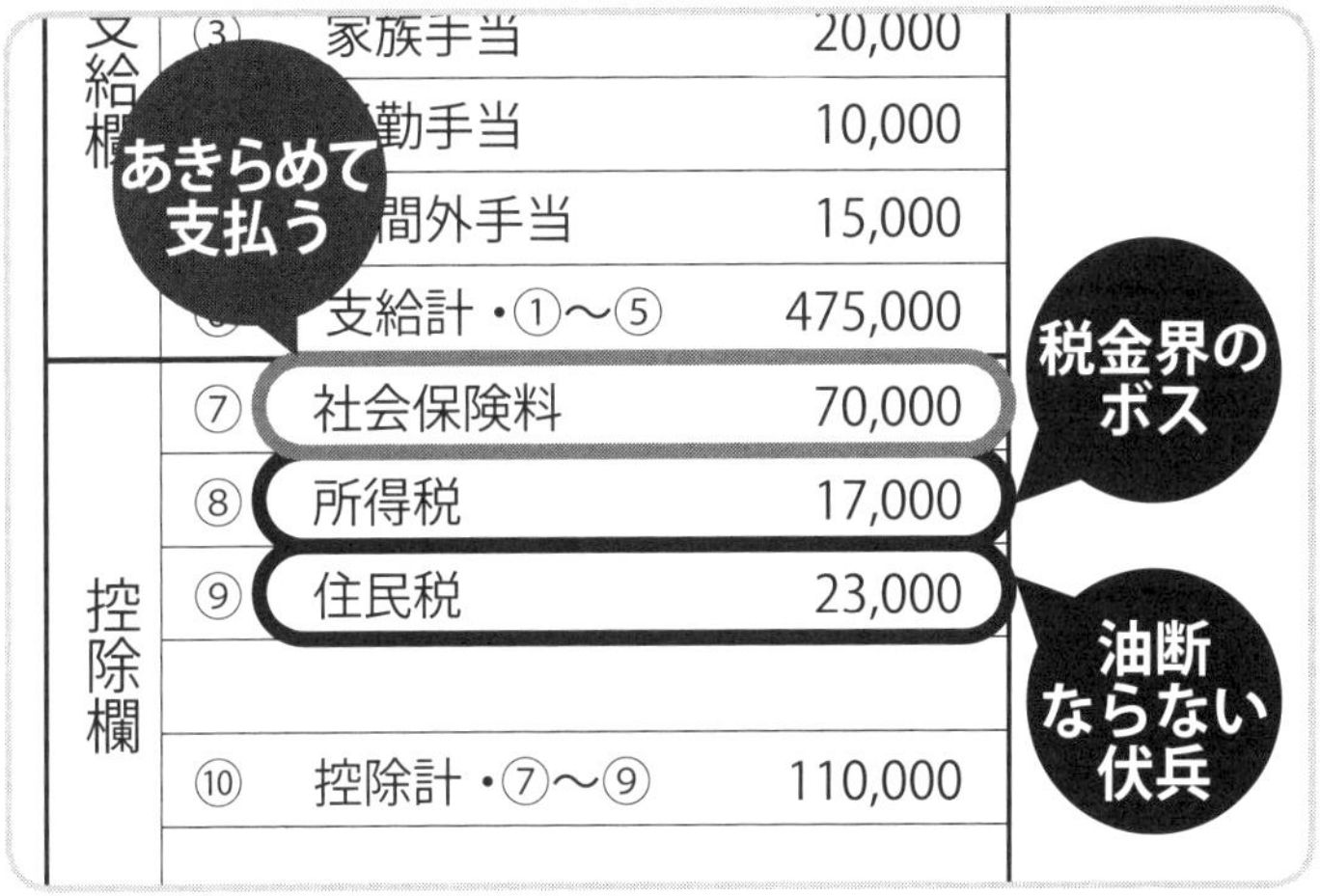

税金が表示されていると思います。

社会保険料と税金は、本来似た性質のものです。政府のスローガンにも「社会保障と税の一体改革」とあるように、最終的にはそれらは相互に、不足する額を拠出し合う仕組みになっているのです。

そのような意味から、社会保険料を税金のようなもの、すなわち**みなし税金**という呼び方をされることもあります。

サラリーマンの場合は、給料明細書の**総支給額のおおよそ15%**を社会保険料として徴収されることになります。

年間で約600万円の給与を受け取る場合、約90万円（600万円×15%）の社会保険料を国に納めることになります。けっこうな負担額ですね。

正社員の場合は、社会保険料を任意に調整することはできません。ひとまずはあきらめざるをえないでしょう。

サラリーマンでも手取はこれだけ増える

サラリーマンが手取を増やす方法としては、転職する、残業を増やす、など色々あります。

ただ、そんな苦労をしなくても**「節税」という方法を使えば、ちょっと工夫するだけで簡単に手取を増やせます。**

税金額が減少すれば、その分ストレートに手取額が増えるのです。

節税可能な金額の最大値は、給料明細書の控除額に記載されている「所得税」と「住民税」の合計額ということになります。

手取がいくら増えるかは人それぞれですが、23ページの給料明細書のケースでは、月額で最大、次の額が増えることになります。

⑧所得税…1万7000円
⑨住民税…2万3000円
　合計額…4万円

ボーナスも含めると、年額で約55万円の手取額の増加となります。

なお少々細かい話になるのですが、実際の住民税の計算においては、所得がなくても納税額が発生する不思議な仕組みが取られています。

これは住民税のうち「均等割」と呼ばれる部分のせいです。市区町村にもよりますが、金額的には年間で、おおよそ5000円以下です。

少額なので、節税プランを検討する際には無視してしまっても構わないでしょう。

［コラム］可処分所得という目安

皆さんは「可処分所得」という言葉をご存じでしょうか。

文字を分解すると、自由に所得を処分することが可能な金額、ということになります。

可処分所得内であれば、高級レストランでA5ランクのステーキを食べようが、1着数十万円のブランド物のスーツを着ようが、超高層の高級マンションに住もうが個人の自由です。誰に文句を言われる筋合いのものではありません。

では自由に処分ができない金額とは何のことでしょうか。

それは消費を目的としない、いわゆる非消費支出とされる「税金」と「社会保険料」のことを言います。

可処分所得を式で表すと「年間総収入−税金年額−社会保険料年額」となります。これを毎月の給料に当てはめると「月額給料総支給額−税金月額−社会保険料月額」ということになります。

要するに、23ページの「給料明細書・⑪差引支給額」と同じものなのです。

「可処分所得」と聞くといきなり難しく感じられますが、「差引支給額」とイコールだと考えれば、納得できるのではないでしょうか。

ただし中には、給料から「財形や生命保険料など」が控除されているサラリーマンもいます。これらは、サラリーマン自身が望んで会社に控除してもらっている項目です。

このような場合に限っては、それらの額を「差引支給額」にプラスした額が「可処分所得」となります。

1章

節税によって
手取が増える仕組み

節税方法は大きく分けて2つ

みなさんは「自分が汗水流して稼いだ給料から、どうして勝手に税金が天引きされるんだ！」と腹立たしく感じたことがおありでしょうか。

わが国には**源泉徴収制度**があり、国や地方公共団体が効率よく徴収するために、給料から直接税金を天引きすることが認められています。

グローバルな視点で見れば、源泉徴収制度がない国も多くあり、さらには税金自体がかからない国も存在します。

しかし、日本を捨ててそのような国で暮らすことは、なかなか現実的ではありません。となれば自主的に節税し、**税金のない国と似た環境を作る**ことができれば結果オーライですね。

この章では、節税に関する仕組みを中心に述べています。

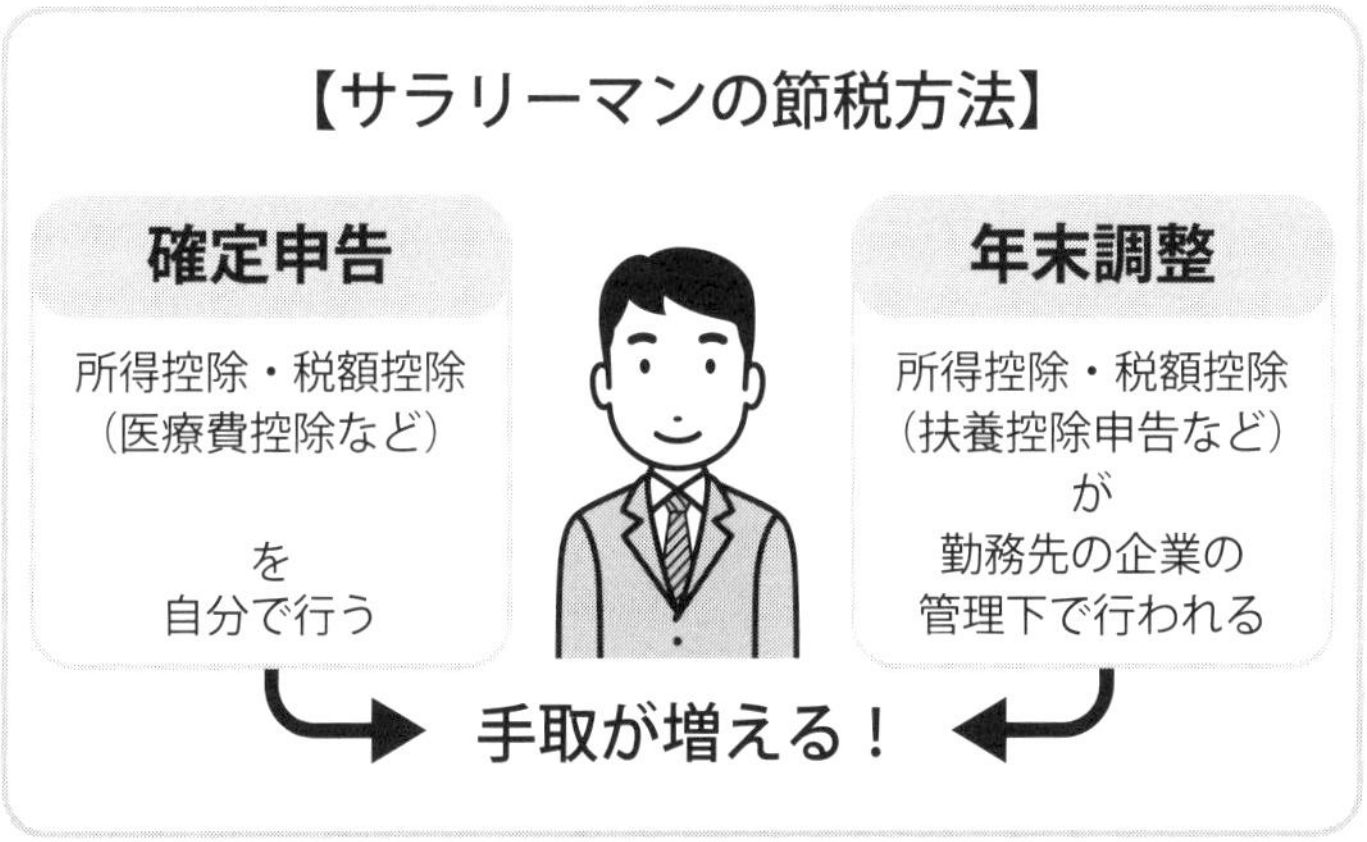
【サラリーマンの節税方法】
確定申告
所得控除・税額控除
（医療費控除など）
を
自分で行う
年末調整
所得控除・税額控除
（扶養控除申告など）
が
勤務先の企業の
管理下で行われる
手取が増える！

ですので、節税に関する具体的な方法が早く知りたいという方は、２章から先にご覧いただいても問題ありません。

節税の方法には、後述する「所得控除」や「税額控除」などいろいろありますが、これらを有効に活用すれば、その分税金が減少することになります。

サラリーマンの場合、自分で税務署へ行って税金を納めてくるようなことは通常ありません。源泉徴収制度によって給料天引きで税金の納付が完結するからです。

つまり**サラリーマンは、節税をすれば給料から天引きされる税金が減少し、手取が増える**のです。

ただ「所得控除」や「税額控除」の中には、給料天引きによる処理が不可能なものもあります。この場合、手取額は増えませんが、**自分で「確定申告」をした際に税金が還付**されます。サラリーマンの中には、確定申告の必要な「所得控除」や「税額控除」に関する処理まで も勤務先企業が行ってくれると勘違いして、勤務先に関連資料を山ほど持っていく方もいます。しかし、これはかりは本人の責任で確定申告してもらうしかありません。

確定申告が必要なケースは別として、まずは、**一般的な節税の仕組み**を、毎月の給料明細書をサンプルとして見てみましょう。

この例では端的なケースとして、節税により所得税と住民税が０円になったと仮定しています。それにより、節税前の控除計11万円が節税後は７万円に減少し、節税前は36万円だった手取が、節税後は40万円に増加しています。

つまり節税によって手取が４万円増えたということです。年額では12倍の48万円増えることになりますね。

この仕組みが分かれば、節税初級レベルはクリアです。

節税の仕組み

【節税前】

項　目	金　額
総支給額	47万円
社会保険料	7万円
所得税	1万7,000円
住民税	2万3,000円
控除計	11万円
手取（差引支給額）	36万円

節税実施

【節税後】

項　目	金　額
総支給額	47万円
社会保険料	7万円
所得税	0
住民税	0
控除計	7万円
手取（差引支給額）	40万円

【所得税の税率・速算表】

課税される所得金額	税率	控除額
195万円以下	5%	0円
195万円を超え 330万円以下	10%	97,500円
330万円を超え 695万円以下	20%	427,500円
695万円を超え 900万円以下	23%	636,000円
900万円を超え 1,800万円以下	33%	1,536,000円
1,800万円を超え 4,000万円以下	40%	2,796,000円
4,000万円超	45%	4,796,000円

所得税は「累進課税」

それでは、税金の計算方法を見ていきたいと思いますが、その前に言及したいことがあります。

筆者が節税の相談に応じている際に、相談者が過敏に反応される点があります。それは**所得税の税率**に関してです。

所得税の税率は、所得金額ごとに階段式に税率が決められています。

たとえば、課税所得が330万円の方の税率は10%、課税所得が331万円の方の税率は20%です。

このような境界域に所得がある場合に、次の

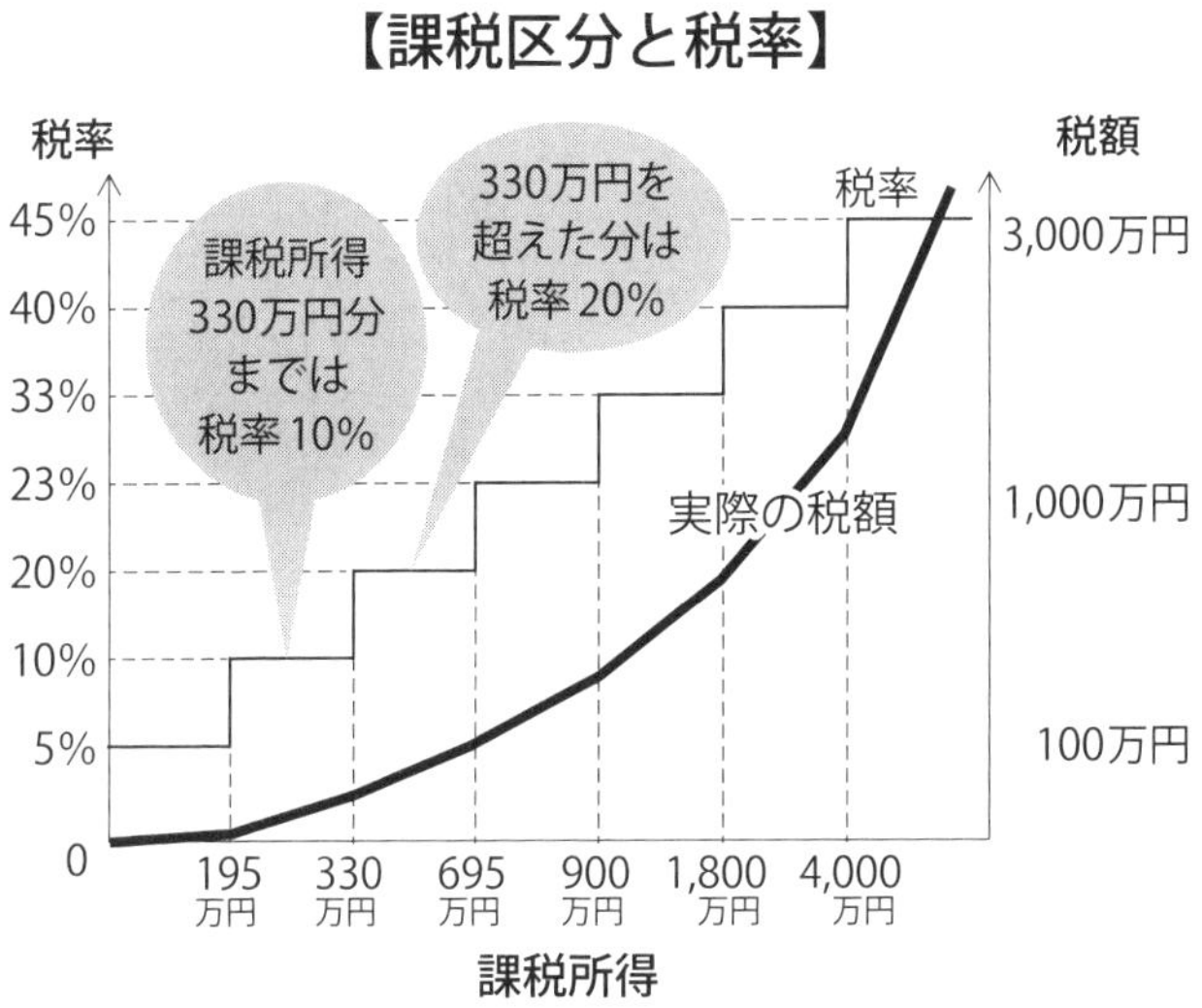

ような反応をされるのです。

「税率がアップすると、私の所得全部にその高い税率が適用されるのでしょう？　それは困ります！」

この心配の通りであれば、所得がたった1万円増えるだけで所得税が33・2万円（331万円×20%－330万円×10%）も増えることになってしまいます。

実際はそうはなりません。この点は間違いやすいポイントで、所得税特有の計算方式である**「累進課税方式」**が影響しています。

累進課税方式とは、所得金額が境界線に近い場所にある場合、その境界を超えた分だけにアップした税率が適用される方式です。

課税所得が331万円であれば、330万円までは税率10%、境界線を超えた1万円は税率20%です。つまり、増える所得税は2000円だけです（1万円×20%）。

したがって、**税率区分の境界を超えるか否かで一喜一憂する必要はない**のです。

前ページのグラフの階段上の線は、課税区分ごとの税率（左軸）を表しています。ただし、実際の税額はグラフの曲線（右軸）のようになります。

税率区分を心配されていた方は、ご安心いただけましたでしょうか。

所得税の計算方法

税金界のボスとも言える所得税の計算方式は、個人に関するあらゆる所得に目を光らせているだけあって、たいへん複雑です。

ただ一般的なサラリーマンの給与に限定すれば、かなり単純化することができます。

【所得税の計算例】

項　目	詳　細	金　額
①給与	給料＋賞与	600万円
②給与所得控除	給与に対するみなし経費	174万円 （①×0.2＋54万）
③所得控除	社会保険料控除、 基礎控除など	128万円 （社保90万＋基礎38万）
④所得税額	（①—②—③）×税率	20.05万円 （[①－②－③]×税率）

※2019年における計算例

サンプルケースとして、年間給与が６００万円の独身サラリーマンの場合は、おおよそ上の表の通り、税額は約20万円となります。

「②給与所得控除」は、「①給与」の額に応じて一定の率となります。詳しい算出方法は、41ページの表にまとめました。

「③所得控除」は社会保険料控除や扶養控除など約15種類あり、主なものは41ページの図の中段の通りです。

「④所得税額」は、先述したように累進課税とされており、計算は少々面倒です。

41ページの表は節税上のキーポイントとなるものです。ただ、初めて目にした方にとっては、意味不明な数字の羅列にしか見えないでしょう。

ですので今の段階では、とりあえず「フムフム」と眺めておいていただくだけで一向に構いません。

住民税の計算方法

サラリーマンが稼いだ給与には、前述の「所得税」だけでなく**「住民税」**も課されます。「同じ給与に対して二度も税金が課されるとは、まさに二重課税ではないか！」と憤慨する方もいらっしゃいます。

しかし、我が国の個人課税の仕組みはそうなっているので、残念ながらあきらめざるを得ませんね。

ただ住民税には、探してみれば良い点もあります。それは**税率の分かりやすさ**です。所得税の場合、税率は7種類もあり、その計算も複雑でしたが、住民税は超単純、10％の税率のみです。課税所得の算定までは、所得税とほぼ同じです。その課税所得に10％を乗ずれば税額計算は完了となります。

住民税額＝課税所得×10％

【サラリーマン関連各種計算表】

	収入金額（Ⓐ）	給与所得控除額
給与所得控除	162.5万円以下	65万円（収入金額が限度）
	162万円超 180万円以下	Ⓐ×40%
	180万円超 360万円以下	Ⓐ×30%＋18万円
	360万円超 660万円以下	Ⓐ×20%＋54万円
	660万円超 1,000万円以下	Ⓐ×10%＋12万円
	1,000万円超	220万円
	控除項目	控除額
所得控除	社会保険料控除	天引きされた健保料等
	扶養控除	38万円
	その他10種類以上あり	
	課税所得金額（Ⓑ）	所得税額
所得税額	195万円以下	Ⓑ×5%
	195万円超 330万円以下	Ⓑ×10%－9万7,500円
	330万円超 695万円以下	Ⓑ×20%－42万7,500円
	695万円超 900万円以下	Ⓑ×23%－63万6,000円
	900万円超 1,800万円以下	Ⓑ×33%－153万6,000円
	1,800万円超 4,000万円以下	Ⓑ×40%－279万6,000円
	4,000万円超	Ⓑ×45%－479万6,000円

※2019年適用分

厳密に住民税を計算すると、先の税額に、1人あたり3000円から5000円程度の均等割税額も加算されます。ただ少額であり大勢に影響はないので、とりあえずは度外視していただいても大丈夫です。

社会保険料の計算方法

みなし税金である「社会保険料」の計算は、実務的にはかなり複雑かつ独特です。ただ社会保険料は本書のメインテーマではありませんので、極力簡素化して考えていただければ良いでしょう。

そうすると、次の通りとなります。

社会保険料＝給与×15％

この中の「給与」には、税金計算においては非課税となる「通勤手当」も含まれます。ただこの点は重要性に乏しいので、度外視していただいて構いません。
また乗率15％の根拠は、次の各料率からきています。

①健康保険料率………11・63％（東京都２０１９年度・40歳以上）
②厚生年金保険料率…18・30％（全国２０１９年度）
③雇用保険料率………０・３％（全国２０１９年度・一般事業）
合計…（①＋②）×50％＋③≒15％

給与の額を基準にすると、おおよそ以下のような計算になります。

年間給与総額が３００万円…社会保険料は45万円（３００万円×15％）
年間給与総額が６００万円…社会保険料は90万円（６００万円×15％）

そもそも給与（収入）とは何か？

みなさんが毎月勤務先から労働の対価として受け取るものは、**「給与」**でしょうか、**「給料」**でしょうか。

答えは簡単なようでいて、改めて聞かれると「はて、待てよ！」と一瞬考えてしまうものです。これら二者は見るからに紛らわしくもあります。

正解は、勤務先から毎月受け取るものは**「給料」**です。一方、給料のみならず「賞与」「俸給」「パート代」「アルバイト代」その他労働の対価として受け取るものを、ひっくるめて**「給与」**と呼んでいます。

税金計算の上では「給与所得」「給与所得控除」「現物給与」など、給与の出番が多く、給料の文字はあまりお目にかかりません。

その理由は、サラリーマンの税金を計算するためには、年間の給与総額が確定しなければならないからです。

「暦年」、つまりその年の1月1日から12月31日までに受け取った「毎月の給料、年2～3回の賞与」を合算した金額をもとに、年末になってようやく税金計算がスタートする仕組みになっているのです。

「私の給料明細では、毎月税金が引かれていますけど？」とお思いになるかもしれませんが、給料から天引きされている所得税などは、その時点では仮払い（未確定）にすぎないのです。

ただし税金の対象から除外できる、うれしい手当が一種類だけあります。それが**「通勤手当」**です。

通勤手当のうち47ページの表に該当する金額までは、課税対象から除外しても構いません。遠隔地通勤などの条件次第では、最高で月額15万円（年額１８０万円）までの手当を税金の課税対象から外すことができます。

せっかくこのようなタックスヘイブン的な制度があるのですから、限度額ギリギリまで使い切りたいものですね。

「給与所得控除」は最大の特典

サラリーマンの税金を計算するうえで、最大の特典と言えるのが**「給与所得控除」**です。給与所得控除とは、その名の通りサラリーマンの「給与収入」から「控除」することが認められている金額のことを言います。

自営業などの事業所得者は実際に支払った経費についてしか、事業収入からの控除が認められていません。

これに対し給与所得者の場合は、**実際に支払っていなくても一定の金額を経費として、給与から控除することが認められている**のです。

サラリーマンの場合、勤務するうえでまずスーツや制服を購入する必要があります。また通勤のための電車代やバス代、自家用車通勤であればガソリン代も必要になるでしょう。これらの支出に相当する金額をサラリーマンの経費とみなして、一定額を給与収入から控除できる仕組みになっているのです。

【通勤手当の非課税限度額】

区　分		課税されない金額
①交通機関又は有料道路を利用している人に支給する通勤手当		1か月当たりの合理的な運賃等の額（最高限度15万円）
②自動車や自転車などの交通用具を使用している人に支給する通勤手当	通勤距離が…片道55km以上	3万1,600円
	片道45km以上55km未満	2万8,000円
	片道35km以上45km未満	2万4,400円
	片道25km以上35km未満	1万8,700円
	片道15km以上25km未満	1万2,900円
	片道10km以上15km未満	7,100円
	片道2km以上10km未満	4,200円
	片道2km未満	（全額課税）
③交通機関を利用している人に支給する通勤用定期乗車券		1か月当たりの合理的な運賃等の額（最高限度15万円）
④交通機関又は有料道路を利用するほか、交通用具も使用している人に支給する通勤手当や通勤用定期乗車券		1か月当たりの合理的な運賃等の額と②の金額との合計額（最高限度15万円）

【給与所得控除額】

	収入金額（Ⓐ）	給与所得控除額
給与所得控除	162.5円以下	65万円（収入金額が限度）
	162.5万円超 180万円以下	Ⓐ×40％
	180万円超 360万円以下	Ⓐ×30％＋18万円
	360万円超 660万円以下	Ⓐ×20％＋54万円
	660万円超 1,000万円以下	Ⓐ×10％＋120万円
	1,000万円超	220万円

※2019年分

この一定額が上の表のようにかなり大きな金額であるため、「サラリーマンは税金計算上、他の所得者に比べて有利すぎる」と従来から批判の的となってきました。

たとえば年間給与収入が３００万円の方の場合、１０８万円（３００万円×30％＋18万円）と、収入の３分の１以上もの給与所得控除が可能になるのです。

このように、「給与所得控除額」は給与収入に応じて自動的に決定されるので、サラリーマン自身ではコントロールできません。

将来的にはこの給与所得控除は縮減されてゆく可能性が高いのですが、それまではその恩恵をしっかり享受しましょう。

この「給与所得控除」は、後に出てくる「所得控除」と用語が似ているので混同されがちです。

「所得控除」は給与収入とはまったく関連性がなく、各人で異なる金額となります。

これに対し「給与所得控除」の方は、給与収入が同額でありさえすれば、**すべてのサラリーマンが同額になる**点が大きく異なります。

【所得の種類】

所得区分	該当例
利子所得	預金利子、公社債利子
配当所得	株式配当金、出資配当金
不動産所得	土地や建物の賃貸収入
事業所得	自営する飲食店の収入
給与所得	給料、賞与、パート代
退職所得	退職金
山林所得	立木の譲渡収入
譲渡所得	土地建物の売却収入
一時所得	生命保険金、競馬払戻金
雑所得	公的年金、講演料

給与所得とは

所得税は、個人が手にするあらゆる所得が対象となっています。

その所得は、税法上10種類もの所得に分類されています。もし所得の抜け道を探そうという人がいたとしても、

【給与所得】

給与収入	－	給与所得控除	＝	給与所得
1,200万円なら…		220万円控除		980万円
900万円なら…		210万円控除		690万円
700万円なら…		190万円控除		510万円
500万円なら…		154万円控除		346万円
300万円なら…		108万円控除		192万円
100万円なら…		65万円控除		35万円

※給与所得控除は 2019 年分で試算

これを見れば、その気も失せてしまうかもしれませんね。

具体的な所得金額の算定方法は、該当する所得区分ごとに独自の方式が定められています。たとえば個人事業者の場合は、その事業で得た収入から、その収入を得るために支出した経費を控除した額が「事業所得」となります。

一方、サラリーマンの場合は、働くことで得た給与収入から個人事業者の経費に相当する「給与所得控除」を控除した残額が「給与所得」となります。

上の図において「給与収入」が確定すれば、「給与所得控除」はおのずと決定されます。これらの単純差額で「給与所得」が算出されます。

したがって「給与収入」が決まれば、自動的に「給与所得」が算出されてしまうのです。

このステージにおいては、独自の節税アイディアを練る余地はあまりありません。ですので、このステージは気楽にスルーしていただければ良いでしょう。

「所得控除」を増やせば手取が増える

ようやく、サラリーマンの税額計算の折り返し点である**「所得控除」**のステージまでやってきました。

所得控除とは読んで字のごとく、所得から控除することが認められている金額のことです。

税額計算の過程はいくつもの段階に分けられます。そのため、今自分がどの辺りの計算をしているのか、迷子になってしまいがちです。

そこで参考のため、今の自分の立ち位置がわかるように、「税額計算ステージ」の図を示

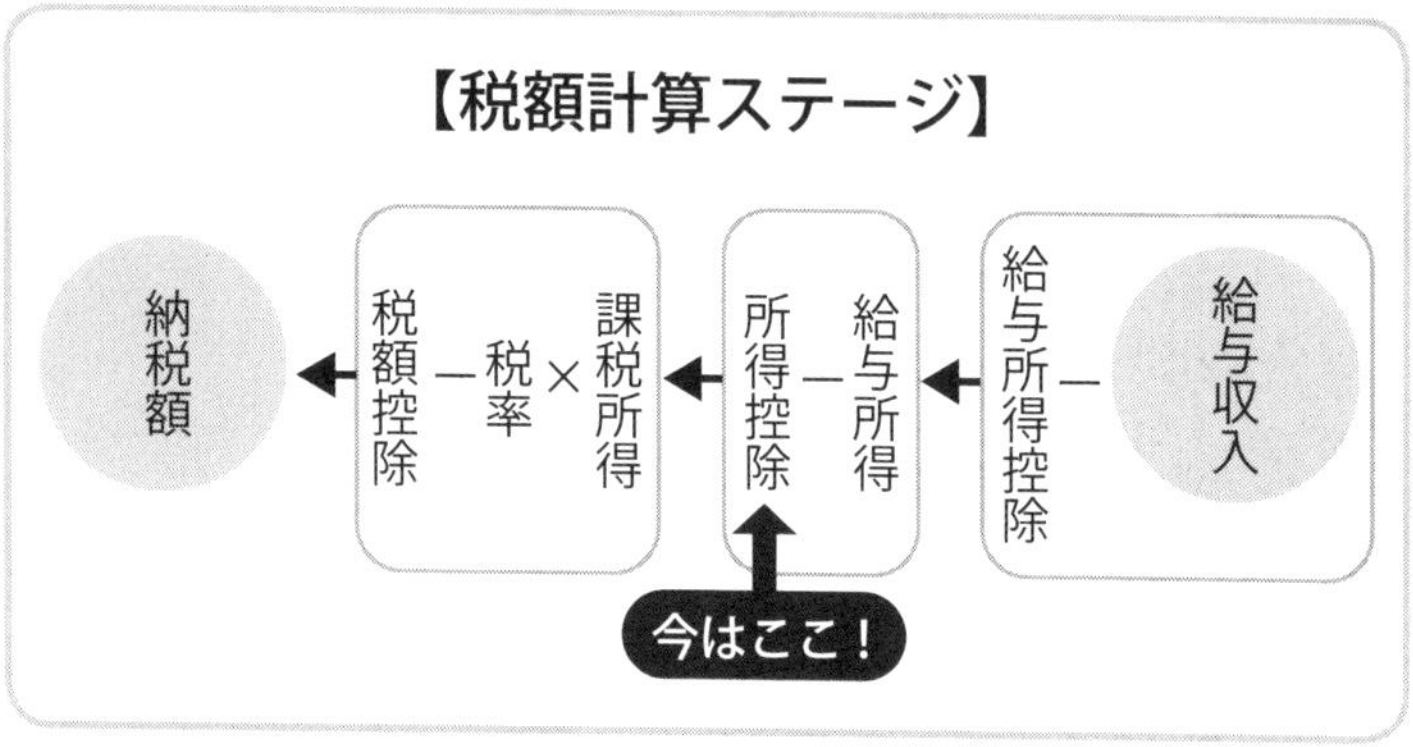

しました。

上の図のように、「所得控除」は給与所得から差し引くことで、税率を乗じる前の課税所得を減らせるものです。

「所得控除」の金額が大きければ大きいほど、課税所得は小さくなります。つまり、税金が安くなるのです。金額はそれほど大きくありませんが、「チリも積もれば山となる！」ですね。

控除項目は左の表のように種類が多く、内容も複雑であり、また毎年のように改正が行われます。100％有効に所得控除を利用し切ることは、至難の業とも言えます。

筆者は相談を受ける際、相談者の過年度の確定申告書を目にすることがよくあります。その過程ですべて

【所得控除の種類】

控除項目	内　容	控除額
雑損控除	資産に損害を受けた場合	損失のうち一定額
医療費控除	医療費を支払った場合	限度額200万円
社会保険料控除	社会保険料を支払った場合	支払額
小規模企業共済等控除	共済等の掛金を支払った場合	支払額
生命保険料控除	生命保険料等を支払った場合	限度額12万円
地震保険料控除	地震保険料を支払った場合	限度額５万円
寄附金控除	寄附金を支払った場合	限度額 寄附金－2,000円
障害者控除	障害者がいる場合	27万～75万円
寡婦（寡夫）控除	自己が寡婦（寡夫）である場合	27万・35万円
勤労学生控除	自己が勤労学生である場合	27万円
配偶者控除	配偶者を有する場合	限度額48万円
配偶者特別控除	配偶者所得が一定未満の場合	限度額38万円
扶養控除	扶養親族を有する場合	限度額63万円
基礎控除	自己についての控除額	38万円

※基礎控除は2019年分の金額です。2020年以降、所得に応じ48万円・32万円・16万円となります。
※寄附金は課税標準合計額の40%が上限となります。
※この表では便宜上簡略化した表現を行っています。

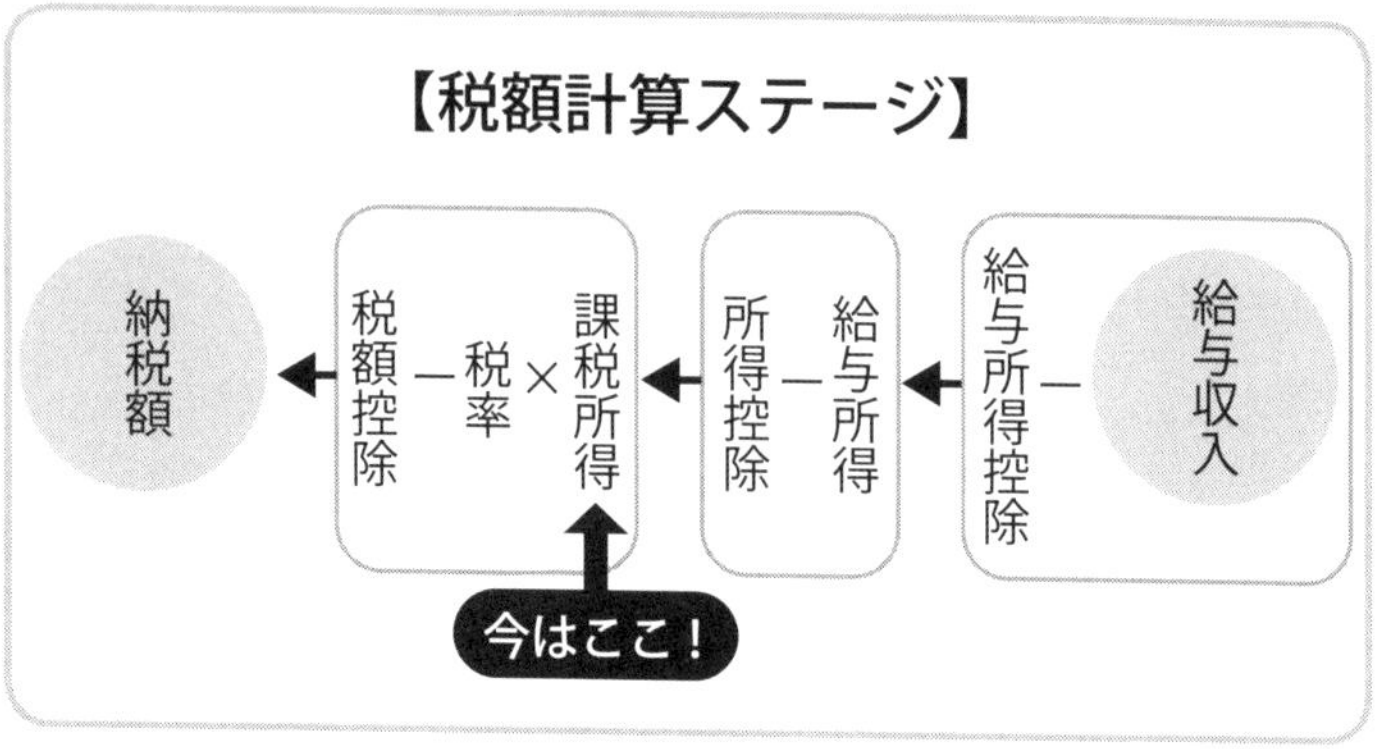

の所得控除項目に目を通すのですが、所得控除の計上漏れがたいへん多く見られます。その分無駄に多く税金を払っているということになります。もったいない話ですね。

ということで、所得控除はサラリーマンにとっても研究しがいのあるステージです。

上手に利用できるか、宝の持ち腐れとなってしまうかは、節税上の重要な分岐点と考えていいでしょう。

課税所得とは

さあ、この「課税所得」のステージまで来ればしめたものです。難解な税額計算の行程もゴールが見えてきました。

課税所得とはその名の通り、税金が課される所得を言います。サラリーマンの場合、「課税所得」は給与所得から所得控除を差し引いた金額です。この「課税所得」を誤解している方が多くいるようです。

勘違いが多いのは、税金がかかる対象を「給与収入」だと思っている点です。同じく多い勘違いは、税金がかかる対象を「給与所得」だと思っている点です。

これらはいずれも誤りで、税金が課される対象は「給与収入」でも「給与所得」でもありません。**「課税所得」**です。

そのため、時には給与収入の多い人よりも少ない人の税金が高くなるという逆転現象が生じ、いらぬ不公平感を生じさせる結果となってしまうのです。

課税所得を式で表すと次のようになります。

給与収入－給与所得控除－所得控除＝課税所得

この式から分かるように「給与収入の多寡」と「所得控除の多寡」のバランスにより課税所得が決定されるのです。

課税所得自体は、それ以前のステージで算出された「給与収入」「給与所得控除」「所得控除」を単純にプラスマイナスするだけなので、自動的に算出されてしまいます。逆に言えば、このステージで税金を減らすような裏技が発生する余地は、残念ながらまったくありません。

効果が大きい「税額控除」

サラリーマンの節税に使える代表的なアイテムとしては、2種類のものがあります。

ひとつはすでに説明した医療費控除や配偶者控除などの「所得控除」で、もうひとつがこの**「税額控除」**です。

この2種類の控除制度は、名称が似通っていることもあり混同されがちですが、節税効

果には大きな開きがあります。

「所得控除」よりも「税額控除」の方が絶対的に大きな節税効果を得られます。

なぜなら「税額控除」は、**税率を乗じた後の税額より直接差し引くことができる**ので、結果として手取の大幅アップになるからです。

たとえば、それぞれ20万円の控除があったとしましょう。対象者の所得税率を20％とすると、「所得控除」の場合は、税率を乗じた額の4万円しか節税になりません。

ところが「税額控除」の方は、20万円そのものが節税になるのです。「税額控除」の効果の大きさが一目瞭然ですね。

「税額控除」にも「所得控除」同様、多くの種類があります。

ただ、「設備投資に係る税額控除」のような個人事業主

【税額控除の種類】

控除項目	要　件	控除額
配当控除	所有株式の配当を受けた場合等	1.25～10%
外国税額控除	外国で所得税を納付した場合	納付額の一定割合
住宅借入金等控除	借入金で住宅を取得した場合	借入金の1%
住宅改修等控除	住宅を改修した場合等	一定額の1～10%
寄附金の税額控除	政党等に寄付した場合	寄付の最大約40%

※この表では便宜上簡略化した表現を行っております。

関連のものが多く、サラリーマンが有効に使える「税額控除」はおおよそ上の表の通りです。

〝おおよそ〟と表現したのは、「住宅改修等控除」「寄附金の税額控除」などは、関連する多種類の税額控除をそれぞれの項目にまとめてあるからです。

多種類の税額控除をすべて個別に表してしまうと、一般の方には意味不明の難解な表現となってしまうおそれがあるのです。

いずれにしても、税額控除が使えるラッキーな状況にある方は、そのチャンスを逃さないよう、最優先して使い切ることを検討していただければ良いでしょう。

サラリーマンが手取を増やす方法は2つ

ここまでは節税を中心に見てきました。

しかし、究極の目的が手取を増やすことにあるとすれば、節税一辺倒ではなく、次の二方向のベクトルでの概念を持つ必要があるでしょう。

- 給与支給額を増やすベクトル
- 給与控除額を減らすベクトル

両ベクトルを視覚的に理解していただくため、61ページに、前章でも出てきた給料明細書を再度掲載しました。

この中で前者のベクトルに該当するのがⒶの各項目、後者のベクトルに該当するのがⒷの各項目です。つまりⒶが増えるか、またはⒷが減るかすれば、自動的に差引支給額が増えるのです。

Ⓐを増やす方法には様々なものがありますが、典型的なものとしては残業、すなわち「⑤時間外手当」を増やす方法が挙げられるでしょう。

この給料明細書のような状況にある方であれば、残業時間単価はおおよそ３３００円となります。ひと月あたり30時間残業をすれば、約10万円の時間外手当が得られることになるのです。

その他、各種手当に支給漏れがないか確認する方法や、転職するという方法などによっても、Ⓐの金額を増やせる可能性があります。

もう一方のⒷを減らす方法としては、サラリーマンの場合「⑦社会保険料」はその仕組上なかなか自分の意思では減らしにくいので、「⑧所得税」「⑨住民税」を減らすことが中心となるでしょう。

具体的には「所得控除」や「税額控除」を増やすことで「⑧所得税」「⑨住民税」が減ることになります。その結果、Ⓑを減らすという目的を達成できることになるのです。

この部分は2章で詳しく紹介します。

【給料明細書】

		項　目	金　額	
支給欄	①	基本給	400,000円	Ⓐ増やす
	②	役職手当	30,000円	
	③	家族手当	20,000円	
	④	通勤手当	10,000円	
	⑤	時間外手当	15,000円	
	⑥	支給計・①～⑤	475,000円	
控除欄	⑦	社会保険料	70,000円	Ⓑ減らす
	⑧	所得税	17,000円	
	⑨	住民税	23,000円	
	⑩	控除計・⑦～⑨	110,000円	
				Ⓒ増える
	⑪	差引支給額・⑥－⑩	365,000円	

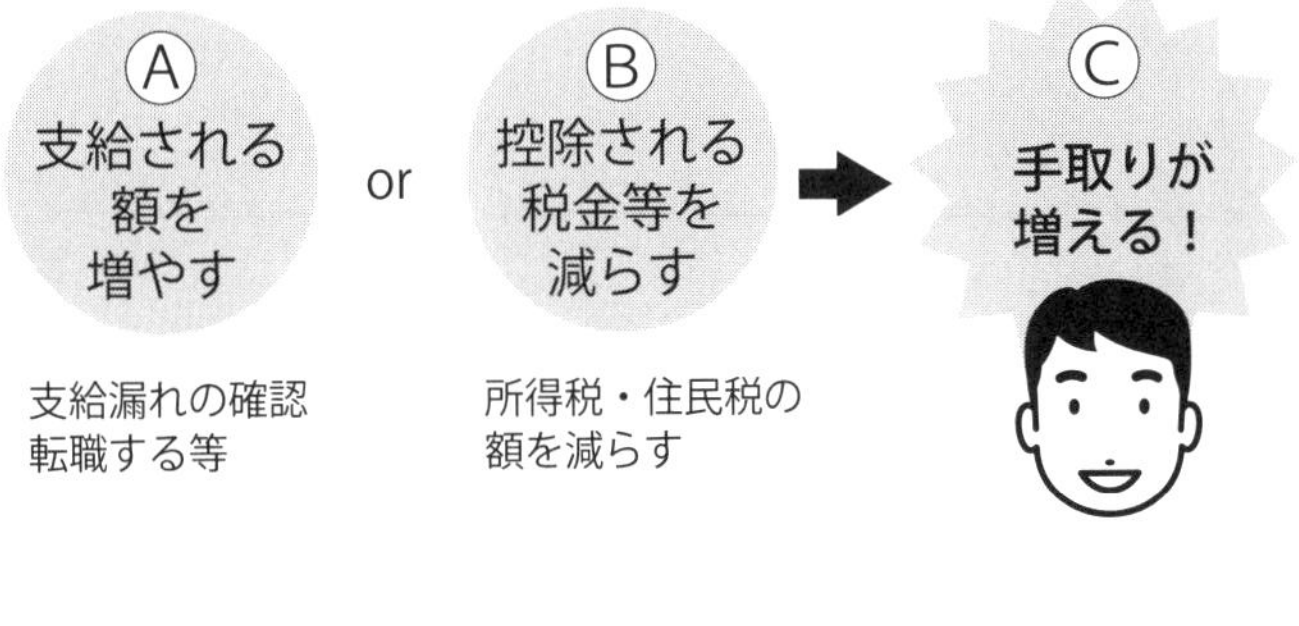

［コラム］社会保険料は節約しない方が良い？

一般的にサラリーマンは、自分の意思で給与の金額を決められません。そのため社会保険料も給与に応じた一定額となります。

裏技を使ってでも社会保険料を減らしたいところですが、それが一概に良いとも言い切れません。

その理由は、社会保険に「保険」の文字が含まれている通り、社会保険はサラリーマン自身に見返りのある「保険」の性質を有しているからです。

たとえばケガや病気で仕事を休んだ場合には、「傷病手当金」として標準報酬月額（通常の給料に相当）の3分の2の収入が社会保険により保障されています。出産で休んだ場合の「出産手当金」なども同様です。

また、将来サラリーマンをリタイヤしたあと収入の柱となる「年金」なども、支払っている社会保険料の多寡に比例します。

そもそもサラリーマン自身が負担する社会保険料（健康保険料・厚生年金保険料）は、保険料総額のうち半分だけです。残りの半分は会社が負担してくれています。

つまり、サラリーマンの社会保険料の実質負担率は50％に過ぎません。であれば不平は抜きにして気持ちよくこの50％の社会保険料を納め、見返りとして社会保険制度の様々な恩恵にあずからない手はない、とも言えるのです。

以上の理由から、サラリーマンの場合、社会保険料の節約に無頓着であったとしてもさほど問題ないのかもしれませんね。

2章

サラリーマンができる節税はこんなにある

サラリーマンの節税は「３段構え」

前章までで、サラリーマンの節税は「所得控除」と「税額控除」がその中心になることを述べてきました。

ただ混乱しやすいのは、**いったい「いつ」「どこで」「どのようにして」これらの控除を受ければよいのか**、という点です。

このうち「いつ」「どこで」に関しては、左の図のような３段構えとなっています。

たとえば「所得控除」のうち配偶者控除や社会保険料控除などは、通常は年末調整において、年末に勤務先で受けることになります。

これだけならシンプルなのですが、同じ所得控除であっても、医療費控除や寄附金控除などは、確定申告をすることで控除を受けることになります。

また「年末調整」と「確定申告」がミックスされた控除などもあり、混乱に拍車をかけることになります。

【いつ、どこで、どのように控除できるか】

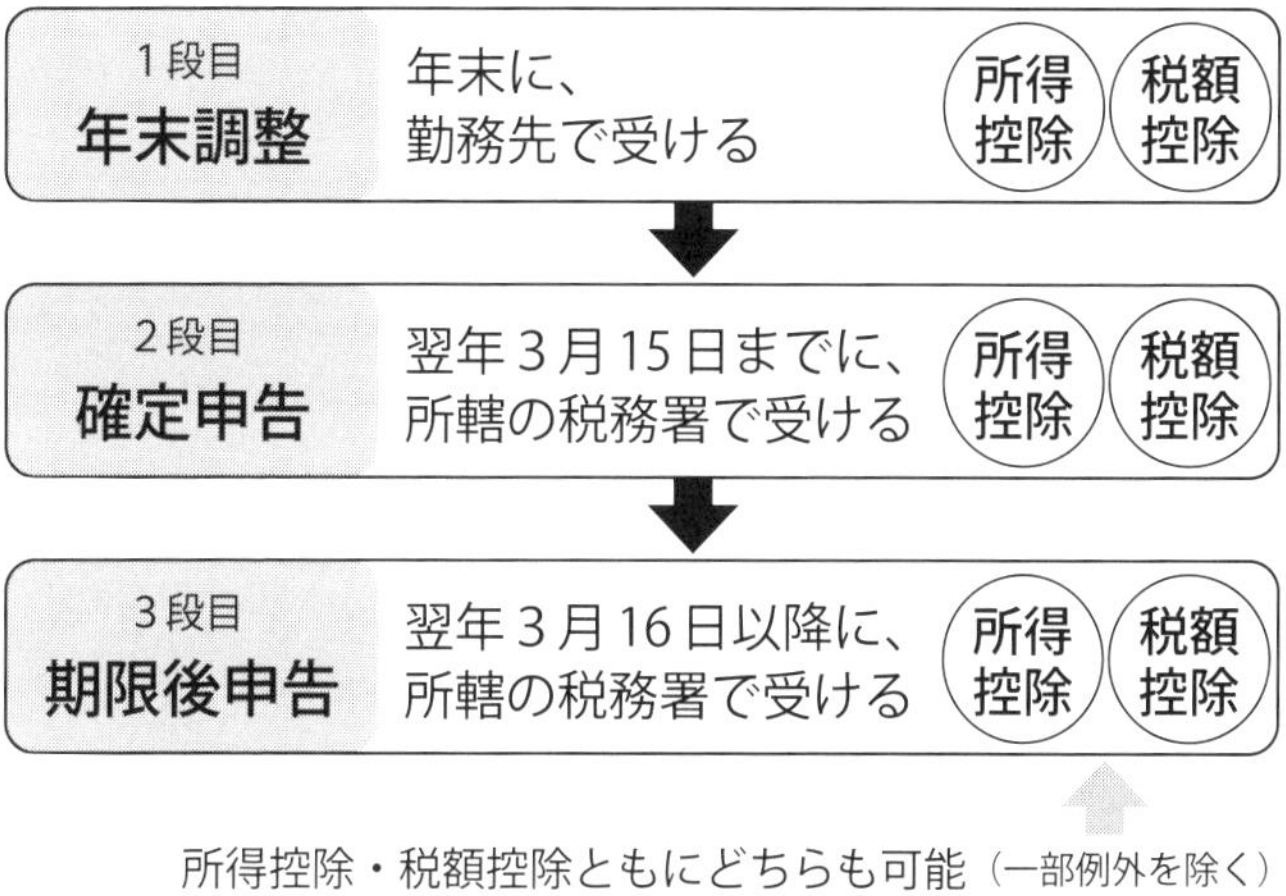

たとえば住宅借入金等特別控除などは、初年度は「確定申告」で、2年目以降は「年末調整」で受けることになる変則的なタイプの控除制度です。

このように書くと、ちょっとでも期限が過ぎてしまうと、もう永久に利用できなくなってしまうかのように聞こえるかもしれません。

でもそこまで固く考えなくても大丈夫です。

本来「年末調整」で受けるべき控除を受け忘れたとしても、セーフティーネット的に「確定申告」で受けることもできます。

さらには「確定申告」を忘れたとしても、確定申告の期限後に「期限後申告」を提出することで控除を受けることも認められています。

ですので、**サラリーマンの控除制度は、何重にもセーフティーネットが張られているから大丈夫**、と気楽に構えていただければ良いでしょう。

ただし「期限後申告」は、一部の特殊な手続については受けられない可能性があります。できれば、2段目の「確定申告」までで処理を済ませておくのがベターでしょう。

「医療費控除」は所得控除の筆頭格

数ある所得控除の中でも、メジャー度などから筆頭格となるのはやはり「医療費控除」でしょう。皆さんも、一度は耳にしたことがあるのではないでしょうか。

毎年1月から集め始めた医療費の領収書が、幸か不幸か年末で10万円に達した場合に税

金が還ってくるという、いわば宝くじ的な控除制度です。（給与所得が200万円未満のサラリーマンの場合は、領収書が10万円未満でも税金が還付になる可能性もあります）

控除の対象となる医療費は、次の7項目です。

①医師・歯科医師による診療または治療
②治療・療養に必要な医薬品の購入
③病院・診療所・老人介護施設等へ収容されるための人的役務の提供
④あん摩マッサージ指圧師・はり師・きゅう師・柔道整復師等による施術
⑤保健師・看護師・准看護師による療養上の世話
⑥助産師による分べんの介助
⑦介護福祉士・認定特定行為業務従事者による特定の行為

このうち①で問題になりやすいのは、差額ベッド代金です。

病気やケガの治療のために入院し、望んで個室に入った際に支払う場合は、医療費控除の対象とはなりません。ですが、医師の指示による個室入室であれば、一転して控除の対象となります。

②については、風邪薬や湿布薬、少額なものではいわゆるキズバンなどもすべて控除の対象になります。

③は簡単に言うと介護費用です。介護費用は医療費ではないと思い込んで控除をあきらめている方も多いのですが、領収書の一定の区分けをすれば控除の対象となります。

これらのほかにも、病院等へのバスやタクシーなどでの通院費、入院中の部屋代・食事代なども、直接的な医療費ではありませんが、原則として控除の対象です。

電車賃やバス代はメモ書きでＯＫ、電車やバスの便が悪い場合に使ったタクシー代は面倒でも利用のつど領収書をもらいましょう。

領収書はお宝ですから、捨てずに年末までとっておきましょう。

なお、**医療費控除の対象は、左の図のように200万円が限度**となります。

歯医者で差し歯のセラミック治療を受ければ、１本約７万円なので、２本治療を受ければ医療費控除が可能になります。インプラント治療を受けた場合などは、１本あたりの治療費がおおよそ30万円なので、年間の治療費総額はすぐに１００万円単位に達してしまいます。中には２００万円を超えてしまうケースもあり、そうなるとその超過額はみすみす切り捨てられることになってしまいます。

【医療費控除の額】

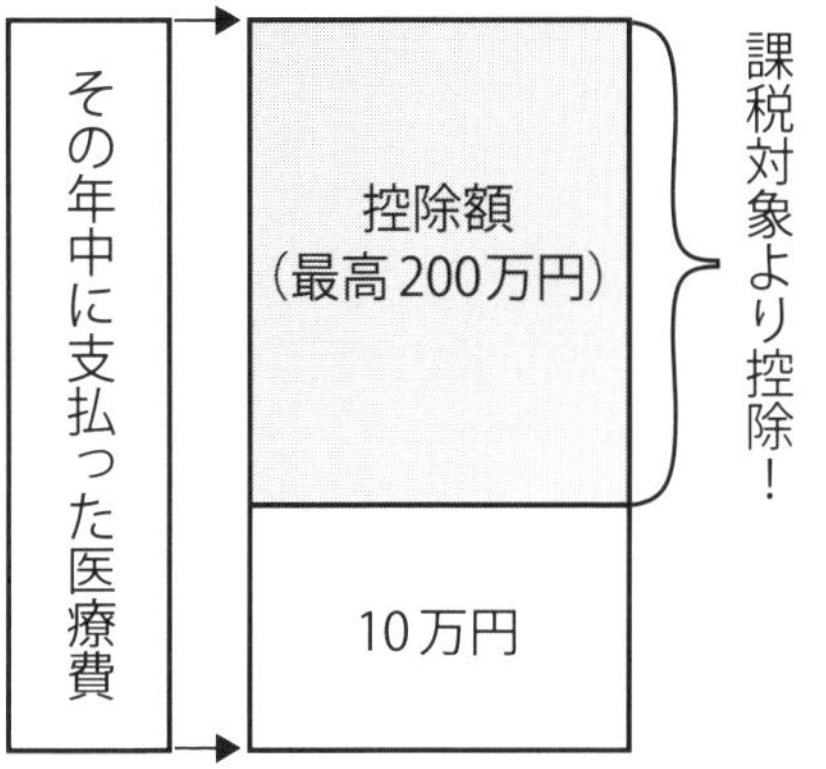

※受取保険金等は医療費より減額
※足切額 10 万円は一定の低所得者なら軽減

　そのような場合は、あえて年をまたいで治療を受ければ、１年あたりの治療費が２００万円以内に納まり、２年分にわたって損することなく医療費控除を受けられます。

　なお予防注射などは、あくまでも予防であり治療ではないので、残念ながら医療費控除の対象にはなりません。

　このように、医療費控除に関しては、軽く１冊の本になるほどトリビアが満載なのです。

「セルフメディケーション税制」でも控除ができる

従来は医療費に関する所得控除は「医療費控除」だけだったのですが、2017年より、特例として新たに「セルフメディケーション税制」(以下「セルフ税制」)がスタートしました。

医療費控除の方は、基本的に医療費の合計額が年間で10万円を超える必要がありましたが、セルフ税制は左の図のように、**1万2000円を超えれば控除を受けられます。**

この控除を受けるためには、次の2つの要件を満たす必要があります。

①定期健康診断、予防接種、ガン検診等を受けていること
②スイッチOTC医薬品を購入したこと

このうち①は、サラリーマンであれば通常職場で定期健康診断を毎年受けているはず

ですから、特に問題はないでしょう。

②の「スイッチＯＴＣ医薬品」とは、医療用から転用された医薬品などのことです。例としては、かぜ薬、胃腸薬、鼻炎用内服薬、水虫・たむし用薬、肩こり・腰痛・関節痛の貼付薬など様々なものがあります。

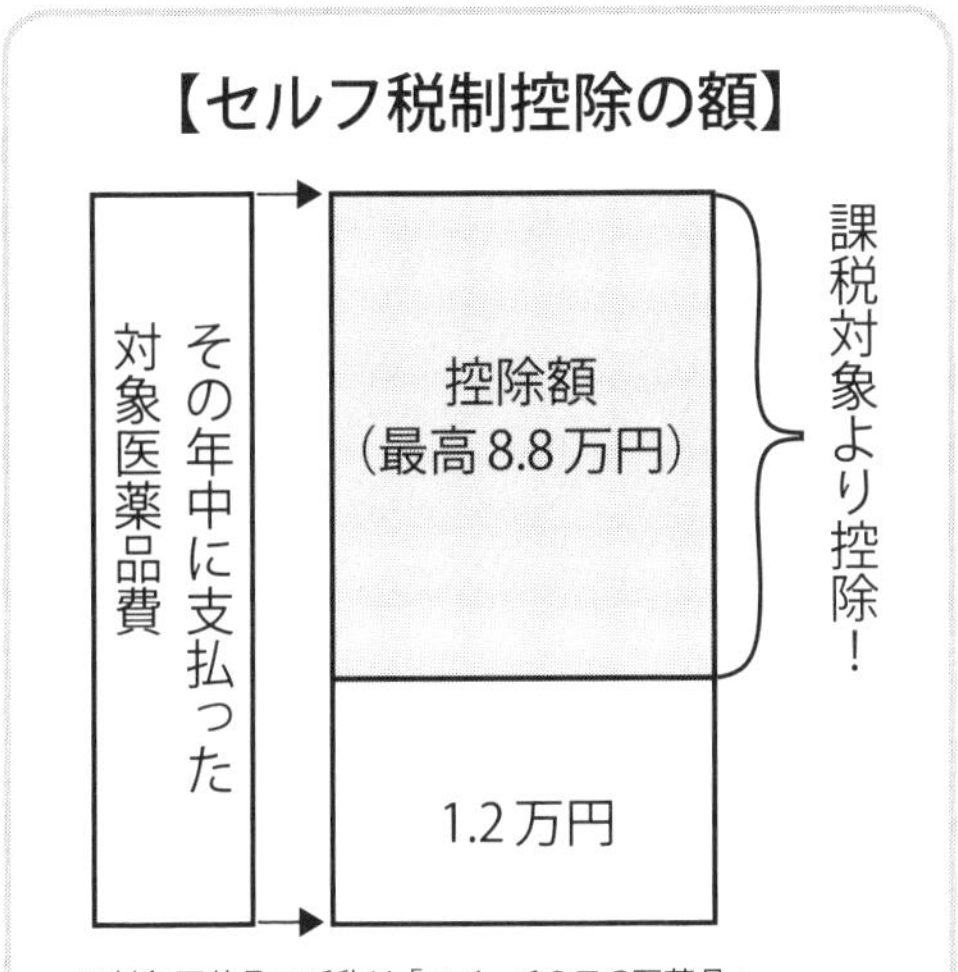

※対象医薬品の呼称は「スイッチＯＴＣ医薬品」

ただこれらの中には「スイッチＯＴＣ医薬品」に該当しないものもありますので、購入の際、薬局で薬剤師等に確認した方が間違いありません。

この「セルフ税制」は「医療費控除」の特例措置としての位置づけですので、両方を同時に適用することはできません。いずれか一方のみの選択適用となります。

「医療費控除」と「セルフ税制」どっちがお得？

支払った医療費が一定額に達し、「医療費控除」と「セルフ税制」の2種類とも受けられる可能性が出てきたとします。その場合はいったいどちらを使えば良いのでしょう。嬉しい悩みが増えてしまいましたね。

答えは次の通りです。

・購入したのがセルフ税制対象製品のみで多額でない場合…セルフ税制を適用
・セルフ税制以外の医療費の支払いのみの場合…医療費控除を適用

通常は両方の支払いがあるでしょうから、その場合は左の図を参考に判断すれば良いでしょう。ちょっと複雑ですが、慎重に判断した上で、有利な方を選択しましょう。せっかくたくさん控除できるはずなのに、判断を誤ってわずかしか控除できず税金が増えてし

【医療費控除 or セルフ税制　判定方法】

（セルフ税制対象製品の購入額＋それ以外の医療費）－10万円※　…①

※総所得金額等が200万円未満なら総所得金額等の5%

セルフ税制対象製品の購入額 －1.2万円　…②

①＞②なら…
医療費控除が有利

①＜②なら…
セルフ税制が有利

まったとしたら、悔やんでも悔やみきれませんものね。

なお、のちに紹介する「国税庁ホームページ」の中にも、どちらが有利かを判定するコーナーが設けられています。

「医療費控除」は扶養親族でなくてもOK

サラリーマンであっても、給与所得以外の譲渡所得や一時所得などが発生した際に、筆者に確定申告を依頼してこられる場合があります。

その際、付随して、医療費控除の処理も扱うケースがよくあるのですが、その処理のため持参された医療費の領収書の束を確認すると、意外と枚数が少なく感じることがあります。

独身であれば領収書の枚数が少なくても不思議ではありません。ところが配偶者や子供のいる一般的な家庭であったり、二世帯や三世帯同居のいわゆる大家族であったりするはずなのに少ない場合があるのです。

念のため依頼者に枚数が少なめである理由を聞いてみると、配偶者や親など各自に所得があるため、それぞれが医療費控除をしているということでした。

これは非常に無駄の多いやり方です。**医療費控除には原則1人あたり10万円の足切額があるから**です。

もし家族3人がそれぞれ医療費控除をしたとすると、足切額が3倍発生します。通常1人の場合の足切額は10万円なので、3人であれば30万円となり、差し引き20万円の控除額を捨てていることになります。

家族仲がよほど悪く、領収書を取りまとめることができないなら仕方ありませんが、家族のうち誰か1人がすべての領収書を集中的に使った方が断然お得になります。還付された税金を、あとから皆で分ければいいだけなのですから。

【医療費控除シミュレーション】

父　医療費：12万円
母　医療費：12万円
長男　医療費：12万円

それぞれで医療費控除をした場合…

控除対象の医療費…36万円
医療費控除額………6万円
節税額合計…1.2万円

父がまとめて医療費控除をした場合…

控除対象の医療費…36万円
医療費控除額………26万円
節税額合計…5.2万円

※所得税の税率を10%として計算

またこの場合、**一番所得税率の高い人で医療費控除をする**ことが鉄則となります。税率が高ければ、当然還付される税金も高くなるからです。

このケースのように、医療費の領収書は**同居の家族のものであればすべて合算することができます。**

扶養親族でなくてもかまいません。生計を一《いっ》にしている親族（配偶者、6親等以内の親族、3親等以内の姻族）でありさえすれば問題ないのです。

たとえ同居でない場合でも、仕送りをしているような大学生の子供や老親など、別居の家族の領収書であっても合算することが可能です。とにかく家族中に聞いて回り、対象となる医療費の領収書は1枚残らずかき集め、最大限の還付を受けられるように頑張りましょう。

家族に関する「人的控除」

所得控除において**「人的控除」**は大きなウエイトを占めています。

「人的控除」とは、**サラリーマン自身やその家族に関する所得控除の総称**であり、大別すると左の8種類があります。

項目によってはさらに細分化され、最終的には全部で16種類もの項目に及びます。

内容的に似通ったものが多く、慎重に判断しないと、誤ってわざわざ低い控除額を適用したりしがちです。

金額的には「勤労学生控除」の27万円から、「障害者控除」のうち同居特別障害者控除の75万円までと、控除項目によってかなり大きな開きがあります。

【各種人的控除額】

種　類	控除額
配偶者控除	38万円・48万円（逓減額もあり）
配偶者特別控除	38万円（逓減額もあり）
扶養控除	38万円・48万円・58万円・63万円
寡婦控除	27万円・35万円
寡夫控除	27万円
勤労学生控除	27万円
障害者控除	27万円・40万円・75万円
基礎控除	38万円（2020年以降は48万円・32万円・16万円）

要件に該当する限り
重複適用できる

（2019年分）

人的控除には長らく変化がありませんでした。ところがここ数年、控除項目によっては劇的な変化が生じています。

まずは、２０１８年より「配偶者控除」と「配偶者特別控除」の内容が、なぜここまで複雑にする必要があるのかと思えるほど大きく変化しました。

次に、２０２０年からは、最も変化する要素が少ないと思われた「基礎控除」も**変動制**になります。

変化の内容は後述しますが（１４９ページ）、想像を超えた大きな変化なので、サラリーマンの皆様がその変化についていけるか、筆者としても余計な心配をしています。この変化に乗り遅れると、結果的に無駄な税金を払うことになってしまうからです。

しっかり変化のポイントを押さえて節税し、家計に潤いを持たせましょう。

配偶者は「150万円の壁」にトライしよう

「配偶者控除」とは、配偶者に所得があっても、**年収が一定額以下なら税金を減らしてもいい**という制度です。

一定額とは、103万円です。そのため、パート主婦の間では、長らく「103万円の壁」が、まるで天敵であるかのように言われてきました。

「103万円の壁」とは、パート主婦が夫の扶養から外され配偶者控除が使えなくなるようなことがないように、抑えるべきパート収入を表現した言葉です。

この「103万円の壁」が2018年より、一気に**「150万円の壁」**へと増額シフトしました。

これは政治的駆け引きの末のうれしい誤算です。直前までは配偶者控除を廃止する案まで出ていたのですから。

パート収入が年額150万円以下であれば、満額の**「配偶者控除または配偶者特別控除」38万円**を使うことができるようになったのです。年額で150万円ということは月額にすると12万5000円です。主婦が毎月これだけ稼げれば、かなり生活に余裕ができるはずです。

ただ夫がサラリーマンの場合は少々注意が必要です。税務上では150万円のみを気にかけていればOKなのですが、広い視野で見ると他の要素にも注意が必要となってきます。注意が必要なのは**「社会保険」**と**「配偶者手当」**の2つです。

「社会保険」には、106万円や130万円、180万円その他、超えてしまうと様々な種類の社会保険料がかかってくる基準額があります。

一方「配偶者手当」の方は、103万円や130万円その他、超えてしまうと夫の給料が下がってしまう基準額もあります。

ではいったい、配偶者はいくらまで働いても良いのでしょうか。

残念ながら一律の答えはありません。様々な要素が絡み合うので、妻がいくらまで働いても良いかは、夫であるサラリーマンの収入状況等を確認した上で判断することが必要になります。

ただ、150万円の壁ができたということは、裏返せば**配偶者のパート収入を毎年47万円**（150万円−103万円）**増やせるようになった**ということです。

仮に配偶者が30年間パート勤めを続けた場合、従来よりも1410万円（47万円×30年）多く稼げることになります。地方都市なら中古住宅の一軒くらい買えるような金額ですね。

ただし合計所得金額が900万円を超える高所得サラリーマンに限っては、マイナスの改正となりました。

そのようなサラリーマンはほんの一握りかと思われますが、給与収入が増えるにつれ段階的に配偶者特別控除額が逓減する仕組みに変化したのです（84ページ参照）。

さらに合計所得金額が1000万円を超えると、残念ながら配偶者特別控除額は完全に0円になってしまいます。

配特控除を理解するのはかなり骨が折れますが、小難しい話は抜きにして、まずは

150万円の高みを目指して、どこまでいけるかトライしてみましょう。

「配偶者控除」は満額使おう

数ある人的控除の中でも、先の**「配偶者控除」**と**「配偶者特別控除（配特控除）」**とは名称からして似通っており、従来から混同されがちな控除制度でした。

それが2018年にともに改正されてしまい、混乱に拍車をかけています。

「配偶者控除」の改正点は、サラリーマン本人の給与が増えるにつれ、**控除額が次ページの表のように段階的にカットされていくようになった**点です。

ただ、この改正は高収入のサラリーマンが対象となっています。一般的なサラリーマンの皆様であれば、控除額カットで損をしないように、**「合計所得金額は900万円以下に抑える」**という点だけ守っていただければよいでしょう。

【配偶者控除額】

サラリーマン本人の合計所得金額	一般配偶者	老人配偶者
900万円以下	38万円	48万円
900万円超 950万円以下	26万円	32万円
950万円超 1,000万円以下	13万円	16万円
1,000万円超	0円	0円

合計所得金額が９００万円を超えるクラスのサラリーマンとなると、年俸制で会社と交渉のうえ年間給与を決めることができたり、役員待遇のため自分の裁量で年間給与を決めたりできるケースも増えてきます。

どうせなら考え得る手段を駆使して、控除額がカットされない９００万円の枠内に納めたいところですね。

なお配偶者の年齢が70歳以上の「老人配偶者」（正式名称は老人控除対象配偶者）になれば、最大で配偶者控除額38万円に10万円が上乗せされ、48万円となる特典が得られます。「職業人生の長期化」が叫ばれている昨今です。元気で長く働いて、この控除額「毎年10万円ゲット」を目指してみませんか。

「配特控除」は201万円までOK

「配偶者控除」は配偶者のパート収入が103万円までしか受けられません。その金額を超えた場合、今度は**「配偶者特別控除（配特控除）」**に切り替わることとなります。

では103万円を超えれば無制限に配特控除を受け続けられるかといえば、そういうわけでもありません。上限額が定められているからです。

2017年までは、この上限額が141万円と定められていました。パート主婦としては、本格的に働くべきか働かざるべきか、絶妙に微妙な金額でした。勤め先によっては上司から、正社員登録し、この金額を超えて働くよう迫られていたパート主婦達も多くいたことでしょう。

この上限額についても、2018年からの配偶者関連控除の大改正で141万円から**201万円**へと大幅にアップしました。

201万円ということは、月額に直せば17万円弱となります。この金額であればほぼ正社員並みの金額です。すなわち今回の改正により、無理に不安定なパートの身分で働き続

【配偶者特別控除額】

配偶者の年間給与	サラリーマン本人の合計所得金額			
	900万円以下	900万円超 950万円以下	950万円超 1,000万円以下	1,000万円以上
38万円超 85万円以下	38万円	26万円	13万円	0
85万円超 90万円以下	36万円	24万円	12万円	0
90万円超 95万円以下	31万円	21万円	11万円	0
95万円超 100万円以下	26万円	18万円	9万円	0
100万円超 105万円以下	21万円	14万円	7万円	0
105万円超 110万円以下	16万円	11万円	6万円	0
110万円超 115万円以下	11万円	8万円	4万円	0
115万円超 120万円以下	6万円	4万円	2万円	0
120万円超 123万円以下	3万円	2万円	1万円	0

（2019年分）

けなくても、正社員として安定した環境で働くことを選択できる時代になったのです。

ただ配特控除に関しては、マイナス点の注意も必要です。

マイナス点とは、パート主婦の収入が増えるに従い、**配特控除額が段階的に逓減《ていげん》、つまり徐々に減少する**方向へと向かうように変更された点です。

イメージとしては上の図のように、パート収入が増加するのに反比例して、配特控除額が38万円から０円へと減額していく、という具合です。

なお、サラリーマン本人の給与収入の年間合計所得金額が900万円を超えると、配特控除額も3段階で減額される仕組みが取られています。

いずれにしても、配特控除をどのように使いこなすかは、サラリーマン本人とその配偶者の腕次第です。

夫婦仲良く連携して一番いい年間給与ポイントを探し出しましょう。

20万円以下の収入は申告不要

言わずもがなのことですが、サラリーマンは会社から支給される給与によって生活しています。そしてその給与は、所得税が控除された後の差引額となります。

受け取る側としては控除前の金額で支給してほしいところですが、所得税には「源泉徴収制度」が設けられている以上仕方がありません。納税は国民の義務ですものね。

ではサラリーマンに臨時的な収入が発生した場合はどうなるのでしょうか。たとえば生命保険の満期金を受け取った、競馬で当たった、趣味の骨とう品を売った、株式の配当金が振り込まれてきた、などのケースです。

納税が国民の義務であるならば、これらの臨時収入が発生した場合にも、確定申告をして所得税を納める必要があることになります。生真面目な性格の人であれば、申告納税を済ませておかないと、心配で夜も眠れなくなるかもしれませんね。

ただ税務署側としては、このような申告納税が、いわば「ありがた迷惑」になるケースがあるのです。

仮に臨時収入が100円だったとしましょう。この場合は確定申告をしても通常所得税額は0円となります。それでも税務署側では申告書を受け取った以上、申告書の受付、保管、担当課の数名にわたる精査、データ処理、通知書の発送など多段階における事務処理が発生します。これらの処理にかかるコストは数万円に及ぶかもしれません。

このように税収よりも徴税コストが上回ってしまう逆転現象などを避けるため、**一定額**

以下の臨時収入については申告不要と定められています。

この一定額は「20万円」、いわゆる**「20万円ルール」**です。従って年間20万円以下の臨時収入については、正々堂々と所得税の確定申告をスルーしましょう。

なお臨時収入に関連して経費の支出などがある場合は、その経費等を控除した金額、すなわち「所得」によって20万円以下であるか否かを判断してかまいません。

また一般的なサラリーマンであれば年間給与が2000万円を超えることはないでしょうが、もし超えた場合は残念ながら、その年度に関しては確定申告が必要となってきます。

そのほか医療費控除を受けるケースや、株式配当金の源泉徴収税額を取り戻すケースなどでは注意が必要です。

これらのケースでは、自主的に確定申告をすることになるので、20万円以下の収入も申告が必要となってきます。慎重な損得判断が必要となってきますね。

家を買ったら「住宅ローン控除」

サラリーマンの節税手段の中で、その効果の大きさで一、二を争うのが「住宅ローン控除」制度です。

「住宅ローン控除（住宅ローン減税）」とは、個人が住宅ローン等を利用してマイホームの新築、取得または増改築等をした場合に、住宅ローン等の年末残高を基礎とした金額をその年分の所得税や住民税より控除できる制度です。

この「住宅ローン控除」という名称は通称であって、正式名称ではありません。正式名称は「住宅借入金等特別控除」というものです。

税務上となるといきなりお堅いイメージの呼称になってしまいますね。ですので、世間一般にはソフトで短めな呼び方である「住宅ローン控除」で通っています。

制度の内容は不定期に改正されますが、基本的には**サラリーマン等が有する住宅ローン等の年末残高の1％を、10年間にわたって減税される**というものです。

もし4000万円以上の住宅ローン残高が10年間にわたって維持されるとした場合、400万円（4000万円×1％×10年）もの減税を受けられることになります。その効果の絶大さは一目瞭然ですね。

さらにこの400万円の減税額が、特例として**500万円に増額されるケースもあります**。これは対象の住宅が、認定長期優良住宅や認定低炭素住宅などの「**認定住宅**」に該当する場合です。

認定長期優良住宅とは耐震性やバリアフリー性などの基準を満たした住宅、認定低炭素住宅とはHEMS（ホームエネルギーマネジメントシステムの略）や節水対策等の措置を講じた住宅が対象となります。

どうせなら取得する住宅を「認定住宅」に該当させ、500万円の減税額をゲットしたいところ。そのためには住宅の設計段階からその旨を、ハウスメーカーや工務店等に伝えておく必要があるでしょう。住宅が完成してからのやり直しなど、まず不可能だからです。

「住宅ローン控除」で財テクを狙う？

近年は、この住宅ローン控除を財テクとして活用できる状況にも至っています。どういうことかというと、かつては住宅ローンの利率が1％を切ることなどは到底考えられませんでした。ところが昨今の低利率は、変動金利や短期更新ものの金利で普通に1％を割っています。

これに対して住宅ローン控除率は、近年借入残高に対して1％に設定されています。つまりその逆ザヤとなった差額は、自動的に手元に残ることになるのです。住宅が手に入った上に、支払金利も実質マイナスになるなんて、ラッキーすぎますね。

たとえば、借入残高が4000万円で住宅ローン利率が0・6％のケースでは、単純計算で年間16万円（4000万円×〈1％－0・6％〉）が手元に残ることになります。早まって繰上げ返済（余裕資金を返済に充てること）など、もってのほかということになりますね。

別に違法行為をしているわけではありませんので、税務署からお叱りを受ける心配も無用です。安心してください。

また減税とは別に、住宅取得によって国から交付される「すまい給付金」や、地方自治体から交付される各種の助成金等もあり、これらの合計額が数百万円になることも珍しくありません。

ただこれらの給付金や助成金等は種類が多く仕組みも複雑なので、もらい忘れが発生しがちです。数万円程度のもらい忘れならあきらめもつきますが、数百万円となれば泣くに泣けません。ですので、これらについても認定住宅と同様に、住宅の設計段階から申請の準備と手続を始めておく必要があります。

サラリーマンの場合、リタイヤ後は基本的に年金生活となります。家賃不要の持家か、賃貸住宅で家賃を払い続けなければならないかは、リタイヤメントプランニングの上でも雲泥の差です。

また、近年は歴史的にも住宅ローン控除制度が充実した状況にあります。機会があれば、チャンスを逃さず積極的に利用しましょう。

「住宅ローン控除」100%活用法

住宅ローン控除は、減税累計額が最高で400万円、場合によっては500万円にも及びます。あまりにも減税額が大きいため、満額使い切ることができずに**切り捨て損**が発生するケースが多発しています。

筆者は年末が近づくと年末調整業務、年が明けると確定申告業務で数多くのサラリーマンや自営業者などの税務書類に目を通します。その過程で多くの住宅ローン控除額を確認することになるのですが、住宅ローン控除を使い切れずに切り捨てられる額および件数の多さに、毎年驚かされます。10万円や20万円の切り捨てなど珍しくありません。

切り捨て損を防ぐ方法はいろいろあるのですが、代表的な手法として**「連帯債務」**を利用する方法が挙げられます。近年は、妻が専業主婦である「片働き世帯」よりも「共働き世帯」の方が圧倒的に多い時代です。ということは、住宅ローン控除を世帯主単独で使うよりも、夫婦2人で利用すれば、2倍活用できます。

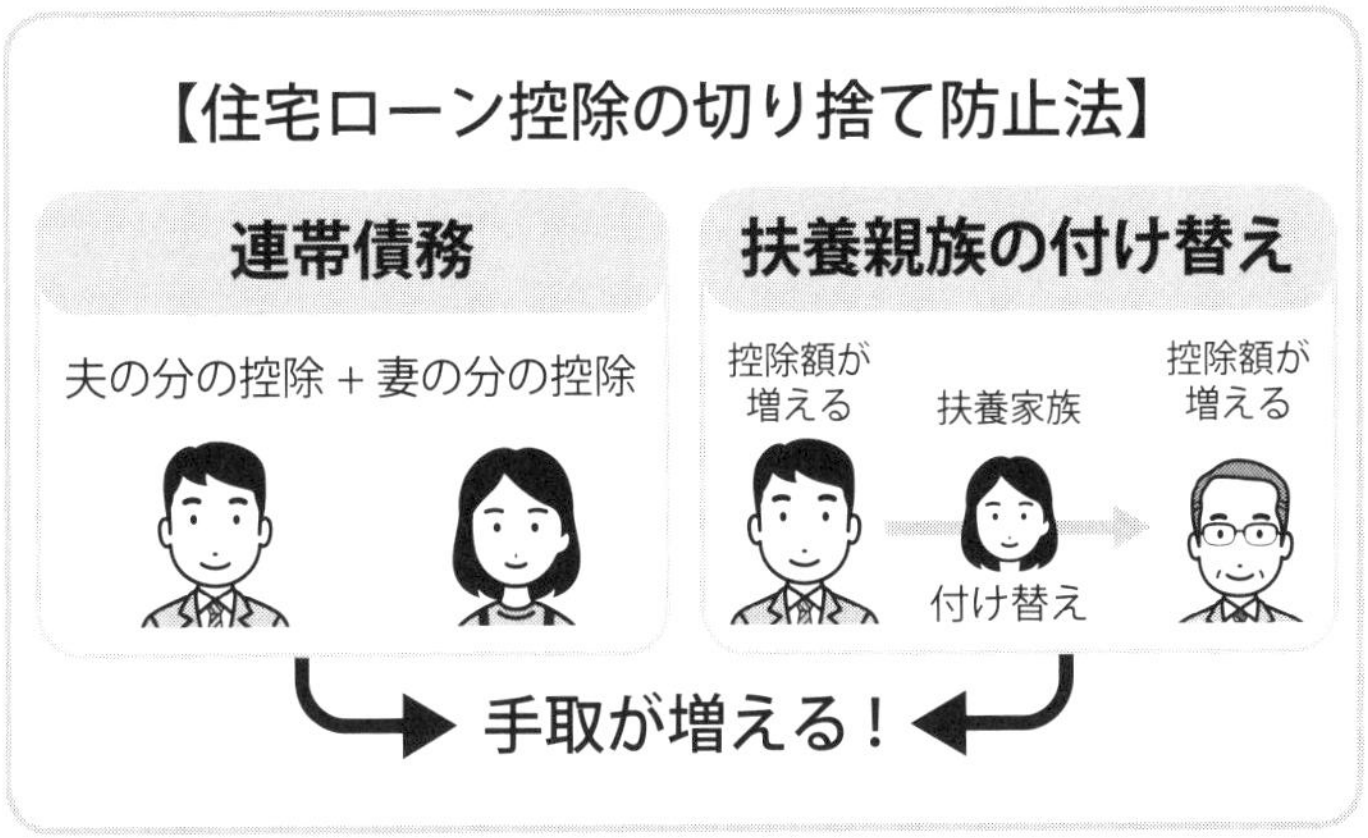

実際に連帯債務の設定が可能か否かは、妻の収入の程度等にもよるので、借入先の金融機関の審査を通ることが条件となります。

次によく使われる手法として**「扶養親族の付け替え」**も効果的です。

これは、親族間、厳密に言えば生計を一《いっ》にする親族の間で、住宅ローン控除対象者の扶養親族を別の親族に付け替えることを指します。

こうすることで住宅ローン控除額を増加させることが可能になり、扶養親族を付け替えた側の親族の税金も減少するというダブルメリットが得られるということです。

その他、各種控除の組合せやアイディア次第で、いくらでも切り捨て損を防止できるでしょう。

「地震保険料控除」は建物だけでなく家財も対象になる

毎年10月頃になると、多くのサラリーマンのお宅に、損害保険会社からハガキが送られてきます。このハガキを手に取った皆さんは「オッ！　よしよし、今年も来たか」と思わず笑みがこぼれるのではないでしょうか。

その理由はもちろん、これを会社に提出することによって、年末調整でより多くの税金が還付になるからです。

この嬉しい控除制度は「地震保険料控除」と呼ばれるものであり、その年中に支払った**地震保険料の金額の合計額（最高5万円）を、ストレートに所得から控除できる**制度です。「生命保険料控除」のように、山ほど保険料を支払ったはずなのに、意味不明の計算式で減額された末、わずかばかりの控除額に縮小してしまうようなことはありません。「地震保険料控除」は、その分ありがたみを感じられる控除制度です。

地震保険の地域別加入率は、全国平均では約30％となっています。

全国平均の加入率が30％ということは、残り70％のサラリーマン世帯に、新たに地震保険に加入し、節税に生かせる余地があるということになります。

保険対象としては、地震が起きた時に壊れるものは建物だ、というイメージがあるからか、建物のみに付帯している方が多いようです。しかし地震保険の対象物は建物のみならず、建物の中にある家財もその対象となります。

控除額を満額まで使い切るためにも、新たに家財も含めるかたちで契約を見直してみてもいいかもしれません。

また建物と家財を含めて、積立タイプの火災保険・地震保険に加入すれば、満期時には解約返戻金が戻ってくることになります。

つまり「支払保険料合計－解約返戻金－節税額」と「保険加入により受けられる安心度」とを天秤にかけて、地震保険料控除の活用を判断すればいいでしょう。

「ふるさと納税」はやらなきゃ損

故郷《ふるさと》を離れて都会で暮らすサラリーマンなどが、過疎化で沈みゆく故郷を救うために寄付をする、というのが当初の「ふるさと納税」の趣旨でした。

ところが現在では当初の趣旨からかけ離れて、サラリーマンなどの節税策の一つとして、特に奥様方の間で大流行しています。

ただ「ふるさと納税」は、いったんは寄付金を支払う必要があるため、資金的には得になるものではありません。むしろ節税額を差し引いても、わずか2000円ですが持ち出し(自己負担)になってしまいます。

持ち出しになるというのにこれほどまで人気が出ているのは、寄付をすることによって、寄付をした自治体から返礼品を受け取れるからです。

つまり実質的には「返礼品の価額−2000円」の得をするという、いわゆる**「みなし節税」**となる性質の制度なのです。

たとえば、あなたが独身で、年間給与が600万円だとします。その場合は年間で、約7万6000円をふるさと納税に使うことができます。

もしあなたの世帯が共働きで、あなたも配偶者も共に年間給与が600万円だったとすれば、なんと年間で15万2000円もふるさと納税に使えてしまうのです。

返礼品の返礼率を、総務省が指導している30％と仮定すれば、4万1600円（15万2000円×30％－2000円×2名）の「みなし節税」となります。これが10年続けば、41万6000円もの現金が結果としてふところに残ることになるのです。

筆者が知る例では、単年で約100万円のふるさと納税をされるケースが数多くあります。この場合29万8000円（100万円×30％－2000円）ものみなし節税を享受したことになります。

ふるさと納税は毎年1月1日に始まり、12月31日が締め切りとなります。余裕を持って春頃から計画的に、寄付可能枠の消化を楽しんでみてはいかがでしょうか。

くれぐれも、年末になって慌てて寄付可能枠を使い、欲しくもない返礼品をもらうことなどないようにしましょう。

申告は「ワンストップ特例」が楽

家計の消費支出に占める食費の割合である「エンゲル係数」をどうやって落とすかは、サラリーマンの奥様方にとって永遠の課題です。

この課題を解決する救世主としても「ふるさと納税」は効果的な役割を果たします。

ふるさと納税の返礼品は、なにも豪華ホテル・有名温泉の宿泊券やA5ランクの高級牛肉などばかりではありません。普通にスーパーで売られているような米や野菜、果物などバラエティに富んでいます。

自分の世帯での上限額まで寄付し、返礼品として米、野菜、果物などをゲットすれば、その分の食費支出が抑えられ、エンゲル係数が低下することになります。

ただ、返礼品というお楽しみの後には、多少の憂鬱が待ち構えています。

慣れない作業である**確定申告作業**です。

ところがこれに関しては**「ワンストップ特例」**という制度が設けられています。

この制度は、**1年間のふるさと納税納付先の自治体数が5件以内の場合に利用できます。**具体的な手続きは、ふるさと納税先の自治体から送られてくる申請用紙に、住所・氏名・寄付金額などを記入し、マイナンバーカードや個人番号通知書の写し等を同封して返送すれば完了です。簡単ですね。申請期限は翌年1月10日までです。

この手続きを選択すると、確定申告をしたときのようには所得税は還付されません。でも心配ご無用です。その分も含めて**住民税が減税される仕組みになっている**からです。ですので、かなり憂鬱を払しょくすることが可能になるでしょう。

注意点としては、ふるさと納税のために確定申告をする場合は、先述の「20万円ルール」でせっかく申告不要となった各種所得なども含めて申告することが強制されます。その分は税金が増えてしまうので、痛しかゆしですね。

これに対して「ワンストップ特例」の方は、そもそもそれらの各種所得を申告できる仕組みにはなっていません。そのため、思いがけず「ワンストップ特例」を選択した方が得になるケースも生じてしまいます。

ご夫婦の場合などでは、夫が医療費控除で確定申告を受け、妻がワンストップ特例を選択、あるいはその逆など、夫婦間での調整をした方が良いかもしれません。

また、２０００万円を超える給与を受け取る高所得サラリーマンや、副収入が20万円を超えるサラリーマンなどは、もともと確定申告の義務があるので、このワンストップ特例制度を使うことは残念ながらできません。

「生命保険料控除」は3倍お得

サラリーマンの年末のお楽しみである「年末調整」手続きの中で、重要な部分を占めるのが、「生命保険料控除」です。

年末調整で還付を受けるためには、年末に向けて会社から配布される数枚の「年末調整関連申告書等」に自分で記入する必要があります。

この中の１枚が「給与所得者の保険料控除申告書」です。この申告書の左面が、生命保

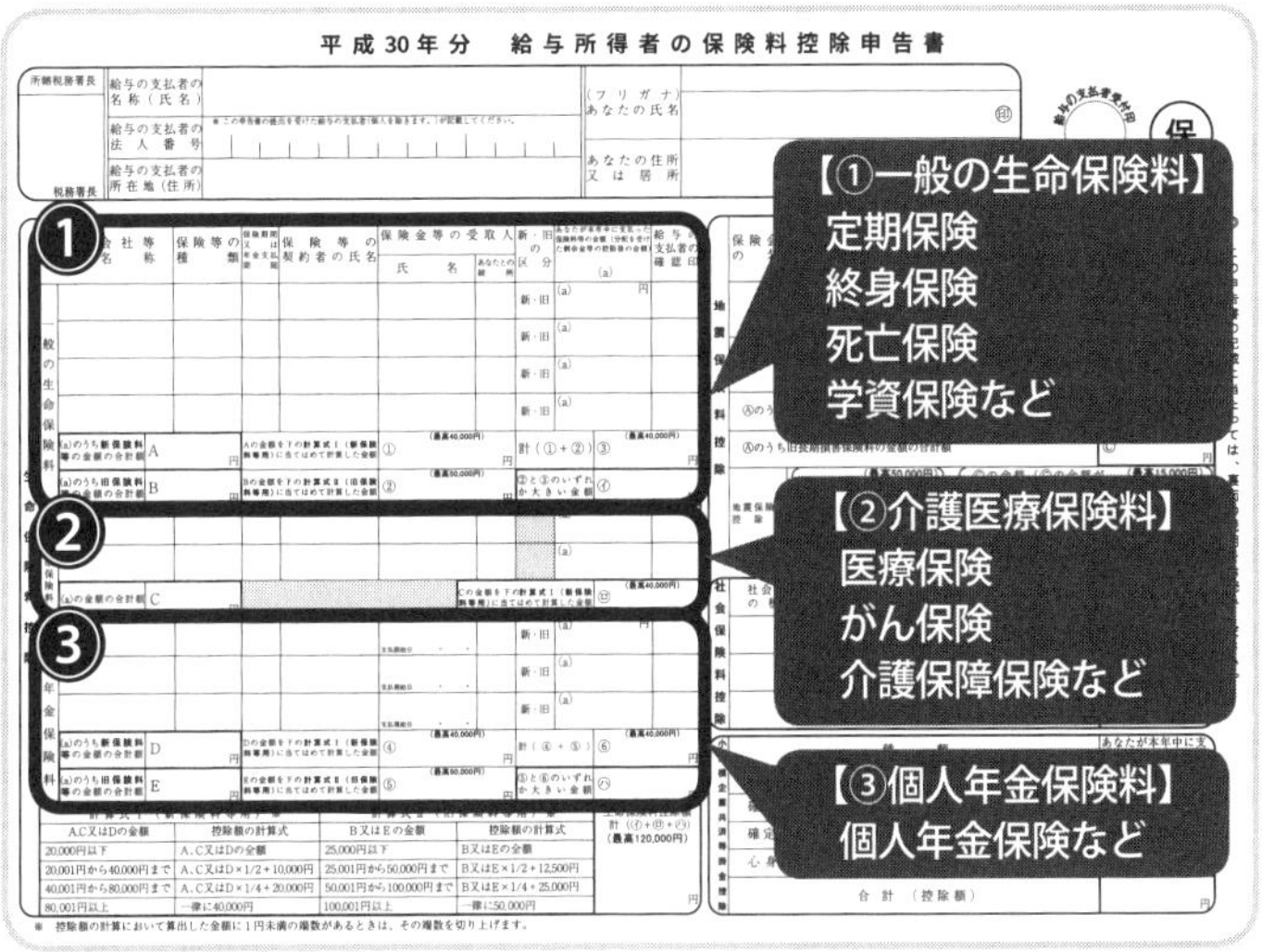

険料控除に関する記入欄となっており、次のように3分割されています。

①一般の生命保険料
…定期保険や終身保険など
②介護医療保険料
…医療保険や介護保障保険など
③個人年金保険料
…一定の要件に該当する個人年金保険

これらの区分ごとに、満額で毎年4万円の生命保険料控除が受けられます。つまり3つの区分それぞれに該当する保険を契約していた場合には、12万円もの控除を受けられることになります。

【生命保険料控除額（所得税）】

年間支払保険料	控除額の計算式
20,000円以下	支払保険料全額
20,001円以上40,000円まで	支払保険料 ÷2＋10,000円
40,001円以上80,000円まで	支払保険料 ÷4＋20,000円
80,001円以上	一律に40,000円

どうせ保険料を支払うのなら、無理のない範囲で、これら３つの区分に分散させて契約したいところです。些細な要件の違いなどで重複した区分の保険契約になってしまえば、控除額が12万円から８万円、さらには４万円と激減してしまうのですから。

ただし、支払った保険料全てが控除対象になるわけではありません。上の表のように、２万円までは確かに全額控除されるのですが、それを超えると逓減していき、８万円以上になってようやく満額４万円の控除額となります。

３区分を全て制覇すれば、最高額12万円の控除をゲットできます。一種のゲーム感覚に近いものがありますね。

なお比較的新しい保険区分である「②介護医療保険料」を除く、「①一般の生命保険料」と「③個人年金保険料」に関しては、区分制度を改正する前から契約していたものに限り、区分ごとに最高で５万円の控除が認められています。いわゆる「お宝保険」ですね。かつては生命保険料控除に区分などなく、１種類しかありませんでした。その後改正が重ねられ、１区分から２区分、３区分と増加してきました。

現在は、頭を使って有効に活用すれば、以前と比較してほぼ３倍有効に生命保険料控除メリットを享受できる時代となっているのです。

「特定支出控除」にチャレンジしよう

サラリーマンの税金計算上の最大のメリットが「給与所得控除」であることは疑いのない事実です。

たとえば年間給与が６００万円だとすると、なんと１７４万円もの給与所得控除が受けられるのですから。単独でこれほどの額となる所得控除は、ほかには見当たりません。

この給与所得控除は、他力本願的に一定の計算式で算定されてしまいます。そのため、自力でこれを増やすことなど思いもよらないのではないでしょうか。

ところがこれを増やす裏技が存在するのです。それが**「特定支出控除」**です。

「特定支出控除」は、サラリーマンが「特定支出」をした金額が基準額を超えるときは、一般の給与所得控除にプラスして本人の所得から控除できるという特典です。

「特定支出」には6種類のものがあり、概要は次の通りです。

①通勤費……………通常必要と認められる通勤のための支出
②転居費……………転勤に伴う転居のための支出
③研修費……………職務に直接必要な研修のための支出
④資格取得費………職務に直接必要な資格を取得するための支出
⑤帰宅旅費…………単身赴任などの場合自宅との間の旅行のための支出
⑥勤務必要経費……職務の遂行に直接必要な図書・衣服・交際等のための支出

なおこれら6つの特定支出は、領収書を集めるだけでよいというものではなく、給与の支払者の証明、つまり会社の証明を受ける必要があります。ここはネックとなるかもしれませんね。

また「基準となる金額」は「その年中の給与所得控除額×50％」で表されます。すなわち本人の所得より控除できる特定支出控除額は次の算式の通りとなります。

特定支出控除額＝特定支出の合計額−その年中の給与所得控除額×50％

この算式により計算された特定支出控除がプラスである限り、毎年のように所得から控除することができます。

たとえば年間給与６００万円のサラリーマンで、特定支出の合計額が１５０万円あったとします。この場合は給与所得控除額１７４万円にプラスして、特定支出控除額63万円（１５０万円−１７４万円×50％）も控除することが可能になるのです。

せっかく使える状況にあるのに、この制度があることを知らなければ、無駄に過大な納税をしていることになります。

サラリーマン人生を通じると、かなりの額になるかもしれません。この制度にチャレンジしてみる価値はありますね。

「イデコ（ｉＤｅＣｏ）」なら拠出金を全額控除できる

２０１７年から始まった「イデコ（ｉＤｅＣｏ）」ですが、なんとも珍妙な名称だと感じるのは私だけでしょうか。なんだか「おでこ」みたいですね。

イデコは確定拠出年金の一種である**「個人型確定拠出年金」**の愛称であり、「個人型（individual）」と「確定拠出（defined contribution）」の頭文字を取って「イデコ」と名付けられました。

イデコとは、サラリーマン本人が掛金を拠出し、定期預金・投資信託・保険などの金融商品でみずから運用し、60歳以降に一時金や年金として受け取る年金制度です。

このイデコは本来、老後の生活を維持するための年金制度として設計されたものですが、節税策としても高い利用価値があります。

節税となるポイントは次の３点です。

【iDecoの形態区分別の拠出金上限額】

項　目	金　額
企業年金のない会社のサラリーマン	2.3万円
企業型確定拠出年金のみに加入しているサラリーマン	2.0万円
確定給付企業年金に加入しているサラリーマン	1.2万円
公務員	1.2万円
専業主婦	2.3万円
自営業者	6.8万円

①拠出金の全額が所得控除となる
②利息などの運用益が非課税となる
③受取時に退職所得控除・公的年金控除
　が使える

これらは節税上いずれも魅力のある特典です。

なかでもサラリーマン現役中においては、①の全額所得控除が最も効果的です。

拠出金には上限額があり、その上限額は職業や会社の年金制度の違いなどにより、上の表のように細かく定められています。

たとえば年間給与が600万円の独身サラリーマンが、毎月2・3万円（会社に企業年金がない場合の上限額）、年額27・6万円をイデコに拠出したとしましょう。

この場合、所得税率が10％のサラリーマンであれば、おおよそ5・5万円（27・6万円×〈所得税率10％＋住民税率10％〉）が毎年節税となります。30年間継続拠出したとすると、165万円の累計節税額となります。

近年は低金利が定着してしまいましたので、単に定期預金に積み立てをしていたとしても受取利息はほぼゼロなので、イデコの方がお得です。

またこのイデコへの拠出金は、前述の通り60歳になったら受け取ることができ、一時金または分割金のいずれでも選択できます。

一時金で受け取った場合は、受取額から「退職所得控除額」を差し引くことができます。30年勤めたサラリーマンであれば、退職所得控除額は1500万円（40万円×20年＋70万円×10年）となります。会社から支払われる退職金の額にもよりますが、その額とイデコからの受取額の合計が1500万円以内であれば全く税金はかかりません。

このようにイデコは、**入り口（拠出開始）から出口（受け取り）までの全期間を通して節税メリットを享受できます**。利用するのであれば1年でも、ひと月でも早い方が、お得になりますね。

「イデコ」は育児休業給付金には影響しない

ときどき「サラリーマンって、『マン』と付くからには男性のみのことで、女性は含まれませんよね？」という質問をする方がいらっしゃいます。

かつては働く女性のことを「ビージー（ビジネスガール）」や「サラリーウーマン（女性なのでウーマン）」と呼んだ時代もありましたが、現在では死語となっています。

各種統計調査などでは一般的に男女の区別はせず、「サラリーマン」には男性も女性も含めているケースがほとんどです。

特別に、男性のサラリーマンに限定する場合は「男性サラリーマン」などと表わされています。ということは、サラリーマンのうち女性に限定する場合は「女性サラリーマン」と呼ぶことになるのでしょう。

その女性サラリーマンがイデコに関して抱く疑念の一つに、**「育児休業給付金受給時のデメリット」**があるようです。

育児休業給付金とは、育児休業をする場合、その期間中「休業開始時賃金日額×67％（または50％）×休業日数」を受け取れる雇用保険上の制度です。

疑念というのは、「イデコに加入した場合、拠出額が休業開始時の賃金より控除されるので、その分給付金の額が減少してしまうのでは？」というものです。

結論から言うと、給付金が減少することはありません。

確定拠出年金には「企業型確定拠出年金」と「個人型確定拠出年金」とがあり、イデコはこのうち後者に該当します。

前者であれば確かに、賃金の減少に応じて育児休業給付金が減少するケースもあり得ます。しかしイデコのような「個人型確定拠出年金」は賃金が減少しないので、育児休業給付金が減少することもありません。

ですので、女性サラリーマンで出産を考えている方は、安心してイデコ加入を検討してみてください。

「年金サラリーマン」にはダブルメリットがある

筆者は毎年3月15日にかけて、多くの関与先の所得税確定申告業務を行います。その中で、総体の収入は多いはずなのに、課税所得の段階になると不思議と小さな金額になる方々がいらっしゃいます。その結果、税金も低額で済みます。

このような方々のうちで典型的なパターンの一つは、年金をもらいながらサラリーマンとして働く、いわば「年金サラリーマン」です。

一般的なサラリーマンは、給与収入から「給与所得控除」を差し引くことができるのみです。一方、年金サラリーマンは、それにプラスして年金から**「公的年金控除」**も差し引くことができます。

つまり年金サラリーマンは、年間で得られた給与と年金の合計額から、**「給与所得控除」と「公的年金控除」とをダブルで差し引く特典が認められているの**です。

控除額は、2019年までは65歳未満は最低70万円、65歳以上の場合で最低120万円です。年金収入が増えるに従いその金額も増額されていきます。

たとえば給与だけで年間500万円の収入がある人と、給与と年金との合計で500万円の収入がある人で比較してみましょう。

総収入年額ではどちらも500万円で同額なのに、合計所得金額では89万円（346万円−257万円）もの差額が生じています。

所得税と住民税を合わせた税額で比較すると、おおよそ18万円前後の差額となってしまいます。

このように、年金サラリーマンはかなりの金額的メリットを受けることになります。

ただしこのダブルメリットは「不公平すぎる」との批判を受けたことで、2020（令和2）年以降は、公的年金等の収入が1000万円を超える場合などには、一定程度の控除額の縮小が計られることとなりました。

【公的年金控除額】

区　分		控除額
65歳未満	～2019年	70万円～
	2020年～	60万円～※
65歳以上	～2019年	120万円～
	2020年～	110万円～※

※その他合計所得金額が1000万円以下の場合

【一般サラリーマンと年金サラリーマンの所得比較】

	一般サラリーマン  50歳	年金サラリーマン  65歳
給与（①）	500万円	350万円
給与所得控除額（②）	154万円	123万円
給与所得（①－②）	346万円	227万円
年金（③）	0円	150万円
公的年金控除額（④）	0円	120万円
雑所得（③－④）	0円	30万円
合計所得金額	346万円	257万円

（2019年分）

※2020年以降は控除額が一部縮小される

「ＮＩＳＡ《ニーサ》」は余裕資金でやろう

「ＮＩＳＡ」が２０１４年にスタートした当時は、日本中が「なにそれ?」という状態でした。

その後、20歳未満の子供も利用できる「ジュニアＮＩＳＡ」の創設や預入限度額の改定などを経て、今ではようやくこの制度も定着しつつあります。

「ＮＩＳＡ」とは、日本（nippon）とアイサ（ｉｓａ＝Individual Savings Account）の合成語だそうです。

国民の資産形成などに資する目的で作られた制度で、この制度を利用して株式や投資信託を購入・保有・売却した場合、次のようなメリットがあります。

・配当金・分配金が非課税
・売却による譲渡益が非課税

たとえば、500万円で購入した株式を600万円で売却したとすると、本来は20万3150円（差額利益100万円×20・315％）の税金がかかります。

ところが、NISAを利用すればこれがタダになるのです。

このような非課税枠が、1人あたり年間120万円で5年間（合計600万円）、ジュニアNISAでは1人あたり年間80万円で5年間（合計400万円）の範囲で利用可能です（株式等の購入額として）。

ということは、夫婦2人と子供が2人の4人家族の場合、大人2人分の600万円、子供2人分の400万円の合わせて2000万円の資産を非課税枠の中に落とし込める計算になります。

余裕資金の範囲内でこの制度を検討する価値は十分にありそうですね。

NISAは、証券会社だけでなく、一般的な銀行や郵便局などでも取り扱っています。どのようなプランが自分の世帯に最適なのか、一度お付き合いのある金融機関の窓口で聞いてみるのもいいでしょう。

新しくできた「つみたてNISA」

また、NISA制度のバリエーションの一つとして、2018年から新しい制度である**「つみたてNISA」**が登場しました。

この制度は一般NISAとたいへん似ているのですが、左の表のように、異なるポイントもあります。

「つみたてNISA」の一番の特徴は、非課税限度枠が800万円（40万円×20年）に及ぶのが一番の特徴です。

「一般NISA」の上限額が5年で計600万円であるのに対して、金額面ではより有利な設定となっています。

また「つみたてNISA」を利用する条件の一つに、本人が20歳以上であることが求められています。

ということは、成人4人の家族の場合、この制度をフルに利用すると3200万円

【つみたてＮＩＳＡと一般ＮＩＳＡの比較】

項　目	つみたてＮＩＳＡ	一般ＮＩＳＡ
非課税枠	１年あたり40万円	１年あたり120万円
非課税期間	最長20年	最長５年
非課税枠の移動	翌年以降への移動不可	翌年以降への移動可
取扱商品	一定の投資信託	投資信託、上場株式等
取扱商品数	少なめ	豊富
買付方法	積立	通常買付、積立
口座開設期間	2037年まで	2023年まで

（８００万円×４人）もの資金を完全非課税枠の中に落とし込める計算になります。

ただ、似通った制度があると、どちらを使えばいいのか悩んでしまいますね。

基本的には「一般ＮＩＳＡ」に比べて「つみたてＮＩＳＡ」の方は、単年度の利用枠が小さいこと、毎月定額の積立方式であること、長期間であることから、あまり株に興味のない方や初心者向けです。

株式売買の楽しみ（キャピタルゲイン）よりも、保有による配当金・分配金の受け取り（インカムゲイン）や、非課税枠そのものの活用に比重を置く人向けと言えるでしょう。

「株式譲渡損失」を取り戻そう

かつて「資産三分法」という財務テクニックがもてはやされたことがあります。

「資産三分法」とは、資産を現金預金・不動産・株式で三等分して保有していれば、いずれかに資産価値を低下させるリスクが発生した場合でも、損失を最小限に抑えられるというリスク分散の理論です。

この理論からすれば、資産の一部は株式で保有することが望ましい、ということになります。

ただ株式に限っては相場の上下が激しいので、売却時に利益となるか損失となるかは五分五分と言えます。毎回利益が出るのであれば資産が増える一方なのですから全く問題ありませんが、現実は、利益が出た回数と同じくらい損失が出るものです。

でも落ち込むことはありません。なぜなら上場株式等の譲渡で発生した**損失は3年間繰越すことができる**からです。

繰越した損失は、翌年以後3年間のいずれかの年に発生した「上場株式等に係る譲渡所得等の金額」から控除することができます。

たとえば、ある年に株式譲渡損が１００万円発生したとします。その後3年の間に、今度は株式譲渡益１００万円が出たとします。

そうすると、本来は20・３１５万円（１００万円×20・３１５％）の譲渡税がかかるはずのところ、繰越控除制度を利用することで譲渡税は０円（１００万円−１００万円）となるのです。

繰越損失が控除できる対象は「上場株式等に係る譲渡所得等の金額」だけではありません。さらに「上場株式等の配当等に係る利子所得の金額及び配当所得の金額」からも控除することができます。

要するに、**繰越控除できる対象は、譲渡所得・利子所得・配当所得の3種類**となります。繰越損失をその後の年度で有効に使い切ることができれば、永遠に税金を０円とし続けることも夢ではありません。

ただ残念なのは、こんなにお得な制度を利用しないサラリーマンが多いことです。

なぜこの制度を使わないのか尋ねてみると、「証券会社の担当者がやってくれているはずですから」とか「当分株を売る予定はないので必要ない」などと返ってきます。

しかし、証券会社の担当者が確定申告を代理で行うことはありません。

また当分株を売らないつもりでも、相場が上昇した際の売却チャンスをみすみす逃すわけにはいきません。

いずれにしても株式譲渡損が出た年は、損失を出した銘柄や金額等について、確定申告を通じて税務署に知らせておくことが節税上の必要条件となるのです。

２種類の「寄附金控除」を使い分けよう

「寄附金控除と言えばふるさと納税」、というふうに、ここ数年の大躍進でふるさと納税は超メジャーな節税策として定着した感があります。

しかし、ふるさと納税は多くの項目がある寄附金控除の中の一項目にすぎません。ほかに国や社会福祉法人、その他に対する寄附金なども、所得控除の対象となります。

寄付により控除できる所得金額は、**「寄附金−2000円」**となります。

ただし、課税標準合計額の40％が限度となります。

たとえば、課税標準合計額が300万円のサラリーマンが10万円の寄付をした場合の所得控除は、9万8000円（10万円−2000円）になります。

さらに場合によっては、所得控除のほかに**「税額控除」**を選択することも可能です。

寄附金が次のうち一定のものに該当すれば、「寄附金の特別税額控除額」を差し引くことができるのです。

・特定の政治献金
・認定ＮＰＯ法人に対するもの
・公益社団法人等に対するもの

控除できる金額は、所得税額の25％を限度として「（寄附金－２０００円）×（30％または40％）」です。

また、こちらも所得控除と同様に、課税標準合計額の40％が限度となります。

たとえば、課税標準合計額が３００万円のサラリーマンが10万円の寄附をした場合、控除率40％に該当すれば、３万９２００円（〈10万円－２０００円〉×40％）の税額控除を受けることができます。

なお、所得控除と税額控除の双方を選択できる場合、どちらが有利となるかは一律に判断はできません。

各個人の所得や寄附金控除以外の所得控除などが異なるためです。

ただ相対的には、「所得控除」は40代後半以上で管理職などの所得の多いサラリーマン向け、「税額控除」は一般的なサラリーマン向けと言えるでしょう。

「配当控除」はダブルで控除できる

我が国において「会社」と言えば、まず株式会社が思い浮かびます。

株式会社はその名の通り、株式を発行して得た資金により経営が成り立っています。そのため、虎の子である自己資金を投じて自社の株式を購入してくれた株主様に対しては、その期待に応えるために、利益の中から努めて配当をしようとします。

サラリーマン株主としては、配当金だけで生活費すべてをまかなうほどの大きな期待は難しいでしょうが、毎月のお小遣いを稼ぐ程度であれば可能性が開けてきます。

配当金は所得税法上**「配当所得」**に該当します。

この配当所得に関しては、他の所得と異なり、税金計算上有利な形態が採られています。

計算上次のように、２段階での控除が認められているのです。

①配当控除…配当金の10％（原則）の所得控除ができる
②源泉徴収税額控除…配当金の約20％の源泉徴収税を控除できる

たとえば複数の配当金が発生し、その合計額が年間で10万円だったとしましょう。この場合①で1万円（10万円×10％）所得控除でき、その上②で約2万円（10万円×20％）の税額控除が受けられます。なんだか「一粒で二度美味しい！」みたいな話ですね。

ただこれらの控除も、処理が2段階にわたる複雑さもあって、適用漏れの多い項目の代表格となっています。持株の銘柄が徐々に増え、毎年配当金を受け取るようになれば処理に慣れてくるので、適用漏れも減少してくるでしょう。

先の①でわざわざ「原則」と書いてあるのは、給与が増えてくると例外的に5％に引き下げられるからです。ただし年間給与がおおよそ1200万円を超えない限りは、10％の適用で問題ありません。

また②の「約」も、株式の種類に応じて20・315％や20・42％と変化するためなのですが、大差ありませんので、約20％と覚えておいていただければ良いでしょう。

海外赴任者は「外国税額控除」を使おう

わが国の人口は、少子高齢化により減少の一途をたどっています。となると企業としても、国内マーケットのみを相手に商売をしていては先が見えてしまいます。その打開策として大企業は国外マーケットに販路を求め、毎年多くのサラリーマンを海外に送り出しています。近年では中小企業にまでその波がおよび、中小企業のサラリーマンであっても、海外赴任を命ぜられることが珍しくなくなりました。

海外赴任が1年以上になる場合は所得税法上「非居住者」に分類され、1年未満である場合は「居住者」に分類されます。

外国税額控除を利用して税金を戻してもらえるのは、このうち**「居住者」**のケースです。

居住者が海外で働き現地で税金を支払った場合でも、日本国内の本社においては所得税等の源泉徴収が行われます。そうすると、同一の給与所得に対して二度課税されることになります。いわゆる**「二重課税」**です。

この二重に課税された税金は、申告すれば返してもらえます。この処理が「外国税額控除」です。控除限度額は次の計算式の通りとなります。

控除限度額＝その年分の所得税額×国外所得金額÷所得総額

たとえば「その年分の所得税額」が20万円、「国外所得金額」が３００万円でそれに係る外国税額が15万円、国内で得た給与も含めた「所得総額」が６００万円とします。

この場合は外国税額10万円（20万円×３００万円÷６００万円）を控除することができます。

つまり確定申告により10万円が還付され、国内で納める税金は実質的10万円（20万円－10万円）だけで済んでしまうのです。首尾よく二重課税は回避されたことになりますね。

この外国税額控除を利用できる対象の所得は、給与所得だけに限りません。給与所得以外でよくあるのは、外国株式から生ずる配当金にかかる所得です。

その配当金につき、国外で税金を差し引かれているようなケースなどにおいても、この規定を使って外国税額控除額相当分を取り戻すことができるのです。

「雑損控除」に該当すれば儲けもの

所得控除には、これまで見てきたように様々なものがありますが、控除額としては数十万円程度のものが大勢を占めます。

ところが「雑損控除」に関しては、控除額が桁違いの数百万円に上る可能性があります。

つまり、それだけ**税金を圧縮する効果が大きい**ことになります。

雑損控除とは、**災害・盗難・横領**により、自分や家族の有する資産について損害を受けた場合に、一定額を所得から控除してもらえる制度のことです。

一定額とは次の金額のうち多い方を指します。

①（損失の金額－受取保険金等）－その年分の課税標準合計額×10％
②災害関連支出の額－5万円

これを最も単純な例で見てみましょう。

あるサラリーマンが、奥さんに内緒でへそくりしていた預金300万円が、空き巣により盗まれたとしましょう。このサラリーマンの年間給与は600万円、保険金と災害関連支出金はともに0円とします。

年間給与が600万円であれば、その年分の課税標準合計額は426万円（600万円－給与所得控除〈600万円×20％＋54万円〉）になります。

ということは、①にこれらの金額を代入すると、257・4万円（300万円－0－426万円×10％）の雑損控除を受けられることになります。これだけ控除を受けられれば、その年分の税金はゼロになるかもしれませんね。

雑損控除はこの例のように減税効果は大きいのですが、発生した損失が「災害・盗難・横領」の要件にピッタリと当てはまるか否かが運命の分かれ目です。

当てはまるのであれば不幸中の幸い、儲けものです。生じた損失自体は仕方がないとしても、税金面でかなりの損失を取り戻すことができるのですから。

住宅家財の被害なら「災害減免法」も利用できる

先ほど見ていただいた「雑損控除」は、所有する資産について損害を受けた場合に受けられるオーソドックスな所得控除でした。

この雑損控除に非常に似た「災害減免法」という制度もあります。

ただ、これらは選択制で、同じ損害について重複して使うことはできません。

「災害減免法」は「所得控除」の方式とは異なり、**所得税の軽減免除を受ける方式**となっています。直接的に所得税を軽減免除してもらえるので、所得控除方式の雑損控除よりも格段に節税効果が上がる可能性があります。

ただし災害減免法を受ける場合、「原因・対象等」が少々制限されます。「雑損控除」は全体的にまだ緩めの設定でしたが、「災害減免法」の方はかなり狭めに設定されています。

具体的には、「災害」により「住宅または家財」について「時価の50％以上」の被害を受けた場合のみに限定されているのです。

軽減免除は、次の通り3段階に区分されます。

①所得税額の全額免除…合計所得金額が500万円以下の場合
②所得税額の50％相当額を免除…合計所得金額が750万円以下の場合
③所得税額の25％相当額を免除…合計所得金額が1000万円以下の場合

もし①の条件にピッタリ当てはまれば、所得税額が全額免除されます。こうなると節税の範囲を超越することになってしまいますね。

このようにたいへん魅力的な制度なのですが、③の条件をみてお気づきのように、合計所得金額が1000万円を超えると利用できなくなります。給与収入であれば約1200万円となり、高収入のサラリーマンに限っては残念ながら対象から外されています。

その場合は仕方がないので、先の「雑損控除」を利用して所得控除を受けてください。

イデコの掛金も「小規模企業共済等掛金控除」になる

サラリーマンには、毎年年末が近づくと、会社より数枚の年末調整関連の用紙が配布されます。その中に「××年分給与所得者の保険料控除申告書」と書かれた用紙が入っているはずです。

その用紙をよく見ると、あまり目立たないのですが、右半分の一番下に「**小規模企業共済等掛金控除**」と印字されている一角があることに気づきます。

この欄は目立たないだけあって、一般サラリーマンにはあまり縁のないものも含め、次のような見慣れない項目が並んでいます。

①独立行政法人中小企業基盤整備機構の共済契約の掛金
②確定拠出年金法に規定する企業型年金加入者掛金
③確定拠出年金法に規定する個人型年金加入者掛金

④心身障害者扶養共済制度に関する契約の掛金

これら4項目の中でサラリーマンに関連し、重要度が増してきたのが③の確定拠出年金法に関する掛金です。

③における注目株は節税効果の高さもあって、近年メジャーな存在に成長しつつある「イデコ（iDeCo）」です。

自主的にイデコの掛金を支払った場合は、会社から配られた「保険料控除申告書」の「**小規模企業共済等掛金控除**」欄に年間掛金額を確実に記載する必要があります。実はこの欄は、記入漏れが生じやすい項目の代表格なのです。

さらには、この申告書用紙を受け取った会社の事務担当者の処理段階においても、見落とされやすい項目でもあります。

なぜなら「生命保険料控除」や「地震保険料控除」などの項目は、ほぼすべての社員について処理する項目なので、めったにミスは生じません。しかし小規模企業共済等掛金を掛けている社員はかなり少数のため、つい処理をとばしてしまいがちになるのです。

ご心配であれば、年末調整が済んで会社から源泉徴収票を受け取った際には「小規模企業共済等掛金」の控除がなされているか、該当欄を確認しておけば完璧ですね。

あと、この保険料控除申告書には掛金額の多寡にかかわらず、支払先が発行した証明書類を添付する必要があります。この証明書はお宝の書類なので、年末まで失くさないよう大事に保管しておきましょう。

「社会保険料控除」は一点集中させよう

サラリーマンの所得控除の中でも、金額的にトップになる可能性が高いのは、「社会保険料控除」です。

理由は、給与から天引きされる社会保険料が、概算で**総支給額のおおよそ15%**にも及ぶからです。

年間給与が700万円の方なら105万円（700万円×15％）、年間給与300万円の方でも45万円（300万円×15％）も所得控除ができるのです。

ただこれくらいで満足していてはいけません。ここでの節税テクニックは、さらに社会保険料控除額の上積みを目指すことです。

中には「概算保険料率が15％というのなら、上積みしようがないのでは？」と、いぶかしく思われる方がいらっしゃるかもしれません。しかしドローンのカメラで高所から地上を見るように、社会保険料も少し高い位置から見てみれば、その理由が分かります。

サラリーマンに関する社会保険料は数種類のみに限定されますが、それらも含め、社会保険料全体では左の表のように多くの種類があります。

序章で「社会保険料はひとまずあきらめよう」という項目がありましたが、その中での社会保険料は、サラリーマン本人の社会保険料を指していました。

ここではそれ以外の社会保険料を節税に活用する方法を紹介します。

たとえば老親が支払っている介護保険料や、大学生の子供が支払っている国民年金保険料などをあなたが支払うことにすればいいのです。

つまり、おそらく世帯内で一番税率の高いあなたに、**社会保険料を一点集中させる**のです。そうすれば、いきなり数十万円単位の社会保険料控除の増額に成功です。

生計を一《いっ》にする配偶者その他の親族が負担すべき社会保険料を、あなたが負担することで、あなたの所得控除とすることが税務上も認められるのです。

ただし老親が受け取る年金から、後期高齢者医療保険料や介護保険料などが引き落とし（特別徴収）で支払われているような場合は、あなたの所得控除に含めることはできません。

老親自身が負担していることが、２ヵ月ごとに老親宛に郵送されてくる「年金振込通知書」を見れば一目瞭然だからです。無理は禁物ですね。

【社会保険料】

種　類
健康保険料
介護保険料（第二号被保険者）
厚生年金保険料
厚生年金基金掛金
雇用保険料
国民健康保険料（税）
後期高齢者医療保険料
国民年金保険料
介護保険料（第一号被保険者）
国民年金基金掛金
建設国保保険料
etc...

「障害者控除」は3種類

できるならば、人生を健康な体のまま天寿を全うしたいもの。ところが税務申告の面から見れば、障害者が増加してきています。それは所得控除の「障害者控除」の適用を受ける申告者が増えていることから分かります。

増加理由の最たるものは、やはり少子高齢化です。戦前のように平均寿命が50歳前後の時代であれば、病気や加齢で障害者になる間もなく天寿を全うしていたでしょう。

それに比して昨今は人生１００年時代の到来とも言われています。65歳以上の人口は日本の全人口の４分の1を既に超え、さらに年齢が増すにつれ「障害者」の比率が加速度的に上昇していきます。

誰しも障害者にはなりたくないものですが、税金計算の上では障害者であることが有利に働きます。なぜなら所得控除の一種である**「障害者控除」**を受けられるからです。

障害者控除の額は、次のように3種類に分類されます。

①27万円……一般の障害者（身体障害者手帳の交付を受けている者など）

サラリーマン本人や扶養親族がこの身体障害者手帳を持っていれば、1人につき27万円の障害者控除を受けられます。

②40万円……特別障害者（障害等級が1級または2級の者など）

身体障害者手帳に記載された障害等級が1級または2級である「特別障害者」に該当すれば、1人につき27万円の控除額が40万円に増額されます。

③75万円……同居特別障害者（同居を常況とする特別障害者の親族など）

その上、特別障害者が同居の親族に該当すれば「同居特別障害者」であるとして、1人につき75万円と、控除額がほぼ倍増します。

障害者の等級は1級から14級まであるのですが、身体障害者手帳を受けられるのはこのうち1級から6級までの範囲に限られています。例外的に7級であっても、7級の障害が2つ以上重複してある場合であれば6級となります。

ただ、該当する方でも、面倒なのか、身体障害者手帳の申請手続きをしていない方も多くいらっしゃいます。逆にダメもとで申請した結果、運よく6級までの障害等級に認定され、手帳の交付を受けられたケースもあります。

身体障害者手帳があれば問題なく「障害者控除」を受けられ、そのほか税務以外でも等級に応じて公的援助や電車、タクシーの割引サービスなど、驚くほど多彩なメリットを得られます。

これらの障害者控除を受けるには、会社から配られた「扶養控除等申告書」の該当欄に記入して、障害者手帳のコピーを添付すればそれでＯＫです。

家族が要介護認定されれば「障害者控除」を受けられる可能性がある

「障害者控除の適用を受けるのは、病気やケガなどがもとで障害者認定された場合に限ら

【障害者控除】

家族（65歳以上）が介護認定を受けている
↓
自治体が指定する「日常生活自立度」に該当する
↓
自治体から「障害者該当控除対象認定」を受ける
↓
勤務先に「障害者控除対象認定書」を提出
↓
障害者控除を受けられる

れていて、介護認定された場合は対象外だ」と思っていらっしゃる方も多いことでしょう。

ところが、障害者認定と要介護認定は微妙に関連しています。

すでに要介護認定を受けている方が、お住まいの自治体に**「障害者控除対象者」**の認定申請をすることにより、税務上の障害者控除を受けられるケースがあるのです。

等級は「要支援1～2、要介護1～5」と7段階に区分されており、このうち障害者控除の対象となり得るのは、**原則として「要介護1～5」に該当する場合**です。

「要介護1～5」は、さらに「日常生活自立度」で細分化されています。この「日常生活自立度」

と、障害者の区分である**「一般障害者・特別障害者」**との組合せにより、一定の基準を超えると認められた場合は、自治体へ申請し承認されることで認定書を取得できます。

高齢者の場合、いったん介護等級が認定されると、年齢が増すに従いその等級が重くなるのが一般的であり、軽快することは残念ながらあまり望めません。ということは自治体の認定書があり、介護されるご家族が存命である限り、障害者控除を受け続けられることになります。

もし同居している「特別障害者」の控除を20年間受けられるとすると、トータルで2660万円〈同居特別障害者控除額75万円+同居老親等控除額58万円〉×20年〉もの所得控除を受けられることになります。こうなると、一刻も早く自治体に申請手続きを取らなければ、という気持ちになりますね。

しかし忙しいサラリーマンの中には「そんな手続きは面倒だし、仕事を休んで役所に行く暇なんかもありません！」という方もいらっしゃるでしょう。そのような方でも障害者控除を受けられる方法が残されています。

その方法とは、ご家族が「常に就床を要し、複雑な介護を要する人」、いわば**寝たきりの状況にあると判断される**ことです。

その状況に該当すれば、障害者手帳を持っていなくても、市区町村の介護認定を受けていなくても、特別障害者の状態にあるとして税務上の障害者控除を受けることができるのです。

この点は意外と制度上の盲点となっています。

離婚率3分の1時代の「寡婦（夫）控除」

日本という国はいろんな意味で、アメリカのあとを追いかけていると言われます。

アメリカでは以前から離婚が珍しくなく、近年では全世帯数に占める片親世帯と再婚世帯・未婚世帯の割合が、それぞれ4分の1ずつとなっています。

アメリカでのそのような傾向を追いかけるように、わが国でも離婚率は上昇し続け、今ではおおよそ3分の1のカップルが図らずも離婚する時代となりました。年齢別では、30歳から34歳までの区分で最も離婚率が高くなっています。

この年齢区分での離婚が多いということは、離婚後に片親世帯や単独世帯としての生活となるケースが多いことを示しています。

税務においては、これらの世帯を中心に、税負担を軽減するため「寡婦（寡夫）控除」という所得控除制度があります。

このうちサラリーマン本人が女性の場合は「寡婦控除」、男性の場合は「寡夫控除」が適用されるのですが、両者はなぜか微妙に金額や適用要件が異なります。

具体的な控除額や要件等は、左の表の通りとなっています。

このうち男性が対象の「寡夫控除」は1種類のみで、要件は女性の場合よりハードルが高くなっています。

なお、要件の中の「生計を一《いっ》にする子」については、総所得金額等が38万円以下であることが条件となっています。同居の子がニートであるような場合も、収入がないのでこの条件に該当します。

【寡婦（寡夫）控除】

	控除額	要件等
寡婦控除	27万円	①夫と死別・離婚した後再婚していない方や夫が生死不明などの方で、扶養親族や総所得金額等が38万円以下の生計を一にする子のある方 ②夫と死別した後再婚していない方や夫が生死不明などの方で、合計所得金額が500万円以下の方
	35万円	上記①に該当する方で、扶養親族である子があり、合計所得金額が500万円以下の方
寡夫控除	27万円	妻と死別・離婚した後再婚していない方や妻が生死不明などの方で、合計所得金額が500万円以下であり、総所得金額等が38万円以下の生計を一にする子のある方

ただ、要件の組合せは極めて複雑であり、さらに金額別や男女別に定められているので、初めてこれらを目にした方はすぐには理解できないかと思います。

そのため、この「寡婦（寡夫）控除」は適用誤りが非常に多い項目の筆頭格に挙げられます。

この控除を使える可能性がある場合は、繰り返し要件を確認する慎重さが必要でしょう。

もし要件の組合せがピッタリ35万円の枠に該当すれば儲けもの、枠から少し外れたとしても27万円の枠をなんとか使えるように確認してみてください。

子供が大学生なら「特定扶養親族」をゲットしよう

サラリーマンの年末の楽しみのひとつに、会社から配られる「扶養控除等申告書」にどれだけ家族の名前を書き込めるか、というものがあります。

理由はもちろん、この申告書に書き込む家族の名前が1人増えるたびに、所得から差し引かれる扶養控除額が増加していくからです。

筆者が毎年の年末調整業務で目を通す中には、扶養控除額が数百万円におよぶような方も多く見られます。ここまでくると、最終税額もほぼゼロ円状態となります。

だからと言って、それなりに収入のある別居の親や子供まで「どうせ税務署にはばれないだろう！」とばかり、申告書に記入するわけにはいきません。現在はマイナンバー制度も安定的に稼働しているので、これらの不正は簡単に補足されてしまうからです。

不正が露見した場合は、おおよそ税務署の確認業務が終了した翌年の秋口頃に、所轄税務署から勤務先企業へ「是正申告書」が送られてきます。

こうなるとサラリーマン本人は、会社の信用を失うことにもなりかねません。税金を取るか、信用を取るか、の問題になってきますね。

なかでも特に注意を要するのは、20歳代の子供を扶養控除等申告書に記入しているケースです。

扶養控除が認められるには、**子供の年間給与収入が１０３万円以下**であることが条件となります。

自称ニートやフリーターであったとしても大の大人です。引きこもりでない限りはそこそこのアルバイト収入があるでしょう。大学生などであっても、卒業取得単位数に目途がついてきた3、4年次になると、年間１０３万円程度は稼ぎ出すでしょう。

大学生の子供の場合、幸いにも年間のアルバイト収入が１０３万円以下であることが確認できたならば、特別に大きな扶養控除額をゲットできます。

一般の扶養控除額が1人あたり38万円であるのに対して、控除額は25万円アップの63万円になります。

このような子供が、扶養親族のうち特別扱いが許されている**「特定扶養親族」**です。

もし該当者が2人いれば126万円（63万円×2人）、3人いれば189万円（63万円×3人）と、倍々ゲームで控除額は大きくふくらんでいきます。


実はこの「特定扶養親族」の対象者は、大学生に限りません。浪人生であっても、専門学校生であっても、はたまた先ほどのフリーターなどであっても対象になり得ます。

- **アルバイト収入が年間103万円以下**
- **年末における子供の年齢が19歳以上23歳未満**

という2つの要件を満たしさえすれば、特定扶養親族に該当します。

一般的には、これら2つの要件を満たす類型の中心である大学生を引き合いに出して、「大学生なら、63万円控除OKですよ」というふうな言い回しをしているのです。

家族でなくても「扶養親族」にできる

年末調整で扶養控除を受けるためには、その対象となる者（扶養親族）が家族であることが大前提だ、と考えるサラリーマンが多いようです。

一般的に「家族」とは、血縁者が住居と生計をともに生活している社会的集団を指しています。噛み砕いて言えば、「親と子、孫、兄弟姉妹、などが、一つ屋根の下で、生活費を出し合い、同じ釜の飯を食べながら、お互いに助け合って暮らしている人間の集まり」とでもなるでしょうか。

ところが税務においては、このような一般的な家族でなくても「扶養親族」に該当するケースがあります。それは住居が異なるケース、つまり一つ屋根の下で共に生活することなく、**別居していても扶養親族と認められるケース**です。

これに該当するケースとしては、まず70歳以上の「老親」を扶養しているケースが挙げられます。イメージとしては、サラリーマン世帯とは別にその老親が田舎の実家や老人ホー

【扶養控除】

区　分		控除額
一般の控除対象扶養親族		38万円
特定扶養親族		63万円
老人扶養親族	同居老親等	58万円
	同居老親等以外	48万円

ムなどで暮らしており、その老親に生活費の足しにと仕送りをしているようなケースです。

このようなケースであれば、たとえ別居状態であっても、「生計を一《いっ》」にしていることになるので、**「老人扶養親族」**と認められます。

このケースの控除額は一般の扶養控除額38万円より10万円アップの、1人あたり48万円です。「別居」ではなく「同居」の場合は「同居老親等」に分類され、親孝行の見返りとしての意味もあり、さらに10万円アップで、**1人あたり58万円の控除**となります。

両親との同居であれば116万円（58万円×2人）に増額されます。

これを聞いて、新たに老親との同居を考える方もいらっしゃるのではないでしょうか。

別居でも扶養親族となる第2のケースは、様々な理由で老親以外の親族が別居しており、その親族に仕送りしているケースが挙げられます。

所得税法上の親族には、6親等以内の血族および3親等以内の姻族など、かなり広い範囲まで含まれます。扶養控除額は38万円、前述の「特定扶養親族」に該当すれば**63万円**と増額されます。

なお、これらいずれのケースに該当するとしても、対象の扶養親族は合計所得金額が38万円以下であることが前提となります。

基礎控除額が10万円プラスになるが……

年末調整などで控除できる「人的控除」は、長らくその基本的な金額が38万円に固定されていました。

ところがここ数年の改正で、そんな固定観念は吹っ飛んでしまいました。

２０１８年には「配偶者控除」の基本額が38万円から、サラリーマン本人の所得に応じて４段階減額制へと驚きの変貌を遂げました（82ページ）。

それに続けとばかりに、２０２０年からは、人的控除の大黒柱ともいえる「基礎控除」も大変貌します。

こちらの方も同様、上の表のように、サラリーマン本人の所得に応じて変更されたのです。

【基礎控除の変化】

合計所得金額	改正前	改正後
2,400万円以下	38万円	→ 48万円
2,400万円超		→ 32万円
2,450万円超		→ 16万円
2,500万円超		→ 0円

その前段階として、従来の基礎控除額38万円が、10万円プラスの**48万円**へと引き上げられることになりました。これはプラスの改定です。

ただ、いったん引き上げられた上で、**４段階減額制**へ移行することになりました。こちらの方はマイナスの改定です。

こんなふうに激しく控除額をアップダウンされては、いったい喜んでいいのか悲しんでいいのか、政府の撹乱戦法にしてやられたような気分になってしまいますね。

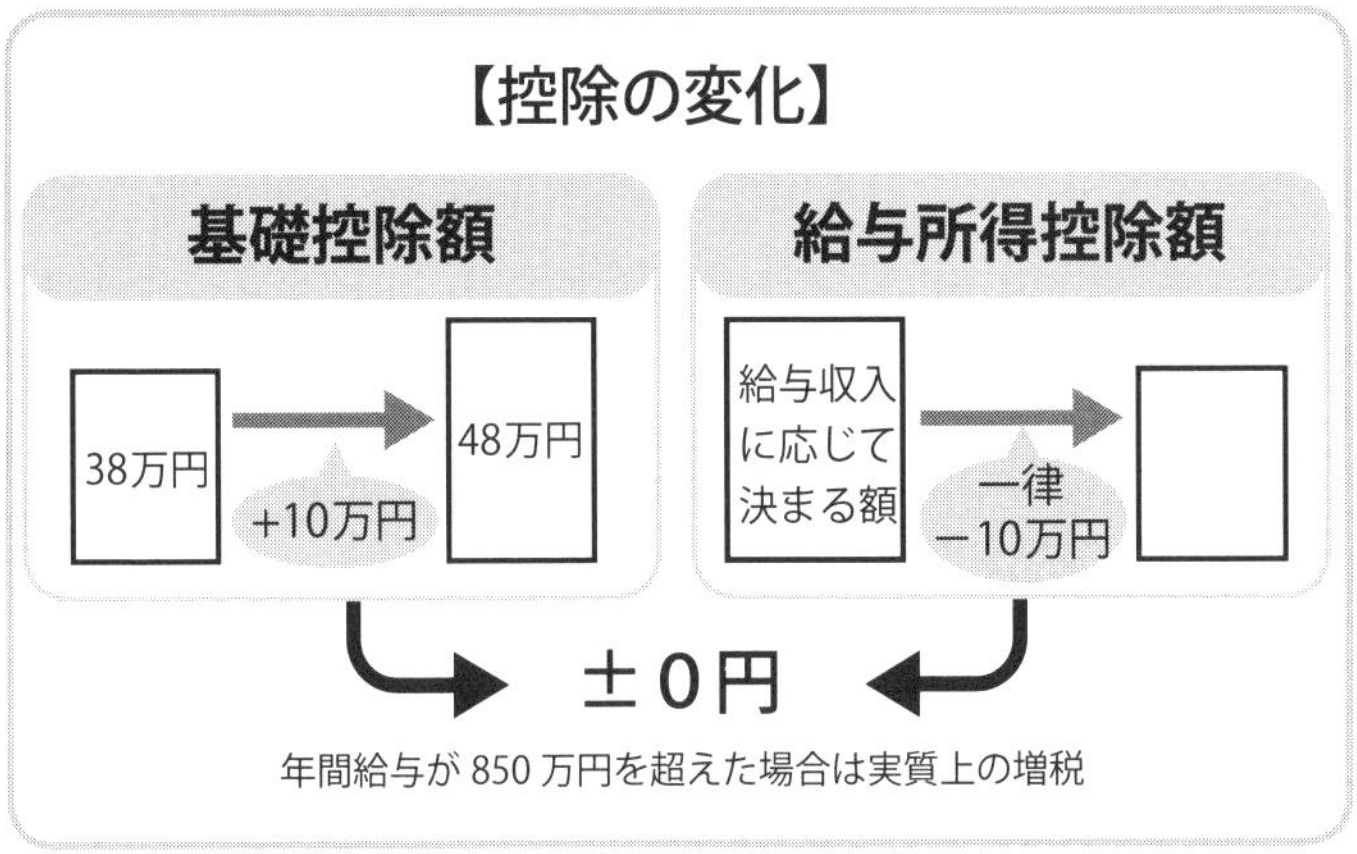

さらにこの話には続きがあります。

基礎控除額が48万円にアップする点に関しては、プラスの改定なのでケチをつける必要はありません。

問題なのは、それと同時に人的控除とは別の制度である「給与所得控除」が、ご丁寧に**一律10万円マイナスされる**という変更がなされた点です。

合計すれば「プラスマイナス0円」となってしまい、基礎控除が48万円になったのは単なるぬか喜びにすぎなかったことがわかります。

その上、サラリーマン本人の年間給与が850万円を超えると、給与所得控除額の増加は打ち止めとなってしまいます。

つまり年間給与がその域に達すると、両制度の差引額はマイナスしかありえなくなり、増税が確定してしまうということなのです。

増税を回避するには、年間給与を８５０万円以下に抑え、超える部分は福利厚生給付や将来受け取る退職金に含めてしまう等の対応策を、勤務先企業に掛け合って見るのも一つの手でしょう。

住宅改修でいろんな「特別控除」ができる

サラリーマン人生も50代、60代にさしかかれば、身体に所々ほころびが出てくる年代に入ってきます。それと同様、30代、40代で取得した住宅であれば、こちらの方も数十年を経て所々改修を要する時期に入ってきているはずです。

どのみち改修で資金の支出が必要となるのであれば、「転んでもタダでは起きぬ！」の精神で、**「住宅関連特別控除」**とリンクさせて資金の回収を図ろうではありませんか。

【住宅関連特別控除】

項　目	適用要件	控除額
特定増改築等住宅借入金等特別控除	居住用の家屋に借入金でバリアフリーや省エネ工事等を行った場合	5年間ローン残高の2％（一部1％）を税額控除（上限あり）
住宅耐震改修特別控除	昭和56年5月31日以前に建築された居住用家屋につき耐震改修をした場合	住宅耐震改修にかかる標準的費用（最高250万円）の10%を税額控除
バリアフリー改修工事特別控除	所有する家屋にバリアフリー改修工事を施した場合	標準的費用（最高200万円）の10%を税額控除
認定住宅新築等特別税額控除	認定長期優良住宅等を新築等した場合	標準的かかり増し費用（最高650万円）の10%を税額控除
住宅特定改修特別税額控除	所有する家屋に耐久性向上改修工事を行った場合	住宅耐震改修にかかる標準的費用（最高500万円）の10%を税額控除

「住宅関連特別控除」と聞けば、銀行ローンで住宅取得する際の「住宅ローン控除（住宅借入金等特別控除）」だけしかないと思っている方が多いことでしょう。

確かに「住宅ローン控除」は、住宅関連においてメジャーな税額控除に違いありません。

ところがマイナーな税額控除まで目を向けると、目移りするほど多くの種類の特別控除制度が設けられていることがわかります。それらのマイナーな特別控除制度は、住宅の増築、改築ないしは改修を行った場合に受けられる税額控除です。

前ページの表では、種々の住宅関連控除制度の一部を紹介させていただきましたが、実際に適用を受ける際は、さらに詳細な適用要件等を満たす必要がある点に注意が必要です。

居住用財産の売却で使える「3000万円控除」

近年では60歳定年を通り越し、65歳定年制を採用する企業が増加の一途をたどっています。それどころか政府の音頭取りで、70歳定年制の声までが聞こえてきます。

ということは、サラリーマン人生も40年50年、もしくはそれ以上の長期になる可能性が高まってきます。

となるとそれに比例して、その期間中に購入した住宅を売却する機会も増えてくるはずです。多い人であれば、二度三度と売却するケースもあるでしょう。

【住宅の売却にかかる税金をゼロにする】

譲渡益が出た場合のみ税金がかかる

税率	**短期譲渡（所有期間５年以内）…39.63％**
	長期譲渡（所有期間５年超）　…20.31％

譲渡原価 3,000 万円・売却額 6,000 万円の場合…
（略式…譲渡原価＝取得価額－減価償却額＋譲渡費用））

短期譲渡…1188.9 万円（譲渡益 3,000 万円 ×39.63％）
長期譲渡…609.45 万円（譲渡益 3,000 万円 ×20.315％）

居住用の住宅である場合に限り税金がゼロになる

住宅の売買となると、買うも数千万円、売るも数千万円、稀に億単位の取引になることもありえます。いざ売却するとなると、普段納めている給与にかかる税金とは桁違いの額の**譲渡税**（譲渡所得税・復興特別所得税・住民税）を工面する心配が出てきます。

譲渡所得においては、譲渡損が出た場合、税金はかかりません。税金がかかるのは譲渡益が出た場合のみです。税率は短期譲渡（所有期間5年以内）で39・63％、長期譲渡（所有期間5年超）で20・315％です。

仮に売却額６０００万円・譲渡原価

（取得価額－減価償却額＋譲渡費用）３０００万円のケースでは短期譲渡で１１８８・９万円、長期譲渡なら609・45万円とたいへん高額な税金になります。

ところが売却物件が**居住用の住宅**である場合に限り、これら高額の税金がなんとゼロになる特例が設けられているのです。それが**「居住用財産の３０００万円控除」の特例**です。売買契約書の写しや登記簿謄本等を添付して確定申告を行うことによって、譲渡益が最高３０００万円まで、税金の納付が不要になるのです。

ご自宅を売却する話が出た時は一世一代のチャンスです。この特例を使うことを頭の片隅に置きながら、売却交渉を進めてください。

「贈与」なら所得税がゼロになる

ここまでは所得税・住民税に限定して、様々な節税策によりサラリーマンの家計に資金を残す方法を見てきました。

ですがいったん視点を変えてみると、所得税ゼロで家計に資金を残す方法がほかにもあることに気づきます。

別視点からの方法で代表的なものとして**「贈与テク」**、すなわち贈与税における節税テクニックを活用する方法が挙げられます。

この贈与税と相続税とは、お互い密接に関連しています。相続税の方は昨今の所得税増税に先駆けて、２０１７年に基礎控除が大幅に引き下げられました。

この基礎控除引下げが影響し、２０１７年以降は一般家庭でも相続税がかかりかねない状況となっています。実際相続税の申告件数をみても、改正後は倍増しています。

このような背景もあって、資産状況に余裕のある多くのシニア世帯は、相続税回避のためその資産を減らすテクニックにたいへん関心を抱いています。

そんなシニア世帯では、サラリーマンである子世帯に対して、住宅ローンや教育ローンなどを抱えて生活に余裕がないだろうことを不憫に感じているはずです。

ならばその子供達や、さらにはかわいい孫達まで含めて、余裕資産の一部を贈与してあげたいという気持ちにもなるでしょう。

【税金がかからない贈与の方法】

暦年課税	1人年間110万円まで非課税
相続時精算課税	1人あたり2,500万円まで非課税
住宅取得等資金の贈与	300万〜3,000万円まで非課税
教育資金一括贈与	1人あたり1,500万円まで非課税
結婚子育て資金一括贈与	1人あたり1,000万円まで非課税

そうすれば、親世帯では「相続税負担の軽減」、子世帯では「生活資金の補助収入」と両世帯がメリットを得られ、一石二鳥となるからです。

贈与テクの種類は、近年多くの新制度が設立されたためバラエティに富んでおり、各制度の概要を理解するにも骨の折れる状況になっています。

贈与テクの基本は、毎年1人あたり110万円まで無税で贈与できる**「暦年課税」**の活用です。

サラリーマンである子世帯の家族がもし4人であれば440万円（110万円×4人）、これを10年続ければ4400万円（440万円×10年）を無税で贈与できます。

その他応用編として、「相続時精算課税」では1人あたり2500万円、「住宅取得等資金の贈与」では消費税率次第

【贈与テクニック活用法】

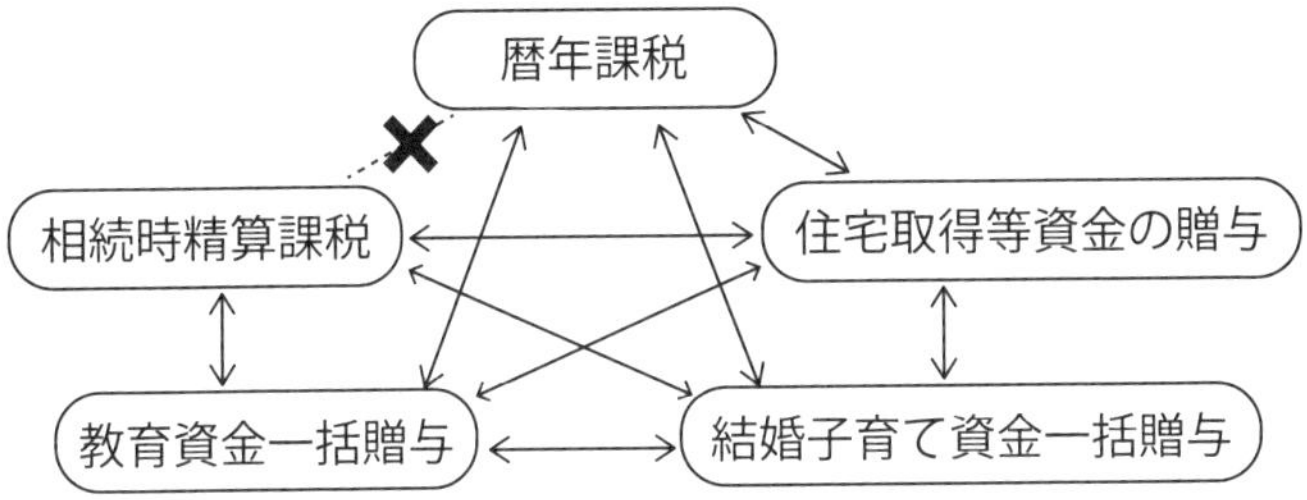

※基本的に各制度は併用できる
※暦年課税と相続時精算課税のみ併用できない

で300万～3000万円、「教育資金一括贈与」では1人あたり1500万円、「結婚子育て資金一括贈与」では1人あたり1000万円などが非課税となります。

まさに目白押しの様相です。選択肢が多すぎてどの贈与テクを利用すればいいのか、嬉しい悲鳴が聞こえてきそうですね。

資金残留率においても、税金や社会保険料が差し引かれてしまう給与収入に比べ、非課税限度内の贈与であれば1円も差し引かれないので、目減りする心配はありません。

これをきっかけに親世帯とのコミュニケーションを充実させ、共同で効果的な贈与テクの活用について話し合ってみてはいかがでしょうか。

〔コラム〕退職金にも税金がかかる？

サラリーマン人生のゴールがうっすらと見えてくるようになると、様々な心配事が頭をもたげてきます。

リタイヤ後年金はいつから受け取れるのか、それで生活費は賄えるのか、再就職先はあるのか、住宅ローンは払いきれるのか、いつまで健康でいられるのか等々、心配し出せばきりがありません。不安要素ばかり数えていても病気になってしまいます。

ここはひとつ安心要素を見つけて元気を出すことにしましょう。

安心要素の筆頭格はやはり何と言っても「退職金」でしょう。

サラリーマンであれば宝くじでも当たらない限り、退職金は一生のうちで最大の現金を手にするチャンスです。

退職金を支給する企業は、一時よりは減少したとはいえ、今でもほとんどの企業で支給されています。

一口に退職金と言ってもその中身は、退職時に一時金で受け取る「退職一時金」と、退職後に年金方式で受け取る「退職年金」の二種類に大別されます。

サラリーマン本人にとって、いずれを選ぶべきかは大問題です。

節税面からこれら二種類の方式を比べた場合、一般的には「退職一時金」が有利と言えます。

一般的という意味は、非課税限度額を超える退職一時金を受け取るようなサラリーマンは少数派だということです。

この非課税限度額は次の算式で表されます。

①勤続年数20年以内…40万円×勤続年数
②勤続年数20年超…70万円×（勤続年数−20年）＋800万円

もし40年勤続した方であれば②に該当し、非課税限度額は2200万円（70万円×20年＋800万円）となります。

ということは「退職一時金」の場合、支給額が高めの設定である大企業でもない限り、税金の心配はほぼ不要ということになります。

一方「退職年金」にも税務上の控除額（公的年金控除額）が認められています。

ただし、通常は厚生年金や基礎年金を受給し始めれば、これらの公的年金で控除額を使い切ってしまうことになるでしょう。結果として、受け取る退職年金全額が課税対象となる可能性が大となります。

そうなると、国民健康保険料や介護保険料までがアップするデメリットも生じてしまいます。


このように税務的な優劣は明らかです。あとは退職年金で受け取った場合に総額でどれだけ加算されるのか、管理母体に信用性はあるのか、退職一時金で受け取った場合そのような大金を管理し切れる性格か、なども含めてじっくり検討してみてはいかがでしょうか。

3章

確定申告をしてみよう

サラリーマンが確定申告をするメリットは何？

一般的なサラリーマンは、自分で面倒な確定申告をする必要はありません。会社が行う年末調整手続きで、税務処理が完結してしまうからです。

例外的に確定申告をする必要があるとすれば、年の途中で会社を辞めた場合や、親から相続したアパートの賃貸収入がある場合などでしょうか。

そんな例外的ケースはともかく、正月から年末まで1年間普通に勤めたサラリーマンであっても、第2章にあったような様々な節税メリットを受けるためには**確定申告**が必要なケースが生じます。

節税によって所得税が安くなったり、還付されたりするのであれば、確定申告に伴う多少の面倒もいとわないところでしょう。

確定申告の正式名は「所得税及び復興特別所得税の確定申告書」というだけあって、所得税のみならず復興特別所得税」も、還付申告をすれば還ってきます。

これらは確定申告書が完成すれば、還付額を目で見てすぐさま確認できます。

また、目には見えないけれど、意外と大きいメリットに**住民税の減税効果**があります。住民税は3月の確定申告期限より後、6月から1年間かけて給料から天引きされます。その住民税の額も減らせるのです。

他にもあります。

65歳以上になれば、介護保険料はそれまでの給料天引きではなく、市区町村から送られてきた納付書により独自に納付することになります。確定申告をすることで、この**介護保険料も減額になる可能性があります**。

勤め先の小規模事業所が社会保険制度に加入していないというケースでは、通常自分で国民健康保険料を納めることになりますが、確定申告により、その保険料も減額になる可能性もあります。

さらにマイナーな制度まで切り込めば、確定申告で所得が減少することにより、種々の制度でメリットを受けられる可能性が思いがけず広がります。

所得は10種類

サラリーマンが会社から支給される給料や賞与は、所得の区分としては「**給与所得**」に該当します。

給与所得しかない場合は確定申告をする必要はありません。しかし給与所得以外の所得が発生した場合は、基本的に**確定申告**をする義務が生じます。

第1章でも出てきましたが、所得の種類は給与所得を含め、左の表の通り10種類あります。

たとえば株式配当金を受け取ったときは「配当所得」、副業収入を得たときは「事業所得」、生命保険金が満期になったときは「一時所得」など多岐にわたります。

これらの所得が増えて確定申告をすることになれば、基本的に「増税」となります。

これとは逆に「所得控除」や「税額控除」を利用するために確定申告をする場合は、基本的に「減税」となります。

「増税」となる場合、確定申告は強制であり義務ですが、**「減税」となる場合はまったく任意**です。自主的に確定申告すれば減税となりますが、しなければ従前の税額のままです。

税務署がわざわざ「あなたは減税となるので、確定申告をしてみてはいかがでしょうか」などと親切に電話連絡をしてくることなどありません。

【所得の種類】

所得区分	該当例
利子所得	預金利子、公社債利子
配当所得	株式配当金、出資配当金
不動産所得	土地や建物の賃貸収入
事業所得	自営する飲食店等の収入
給与所得	給料、賞与、パート代
退職所得	退職金
山林所得	立木の譲渡収入
譲渡所得	土地建物等の売却収入
一時所得	生命保険金、競馬等払戻金
雑所得	公的年金、講演料

ですのでサラリーマン側でも、自分の税金を減らせる余地があるのかないのか、最低限かつできるだけ新しい知識を、日頃より仕入れておく必要があるでしょう。

確定申告により税金が減少して得をするのかしないのかは、まったく自己責任の世界と言えるのですから。

インターネットでお気軽に申告できる

以前はサラリーマンが確定申告をするには、多くのハードルが立ちはだかっていました。

まず仕事の合間を縫って、税務署へ確定申告用紙を取りに行く必要があること。

次に用紙を手に入れたところで、慣れない作業ですから書き方がわからないこと。

そのため仕事を休んで税務署へ出向き、指導を受けて申告書を作成することになること。

ただその時期は、同じような人たちが一斉に税務署へ向かうため大行列になること。

順番を待ってやっと担当者に書類を見てもらうと、今度は添付書類がひとつ足りなかったりすること。そうなるとその日の申告書提出はあきらめて、また後日再度税務署へ行くことになること、などなどです。


「そんな大変な思いをするなら」と税金の還付は断念して、確定申告を見送るサラリーマンも大勢いました。それに比べると今は隔世の感があります。インターネットという文明の利器が発明されたからです。

もう仕事を休む必要はありません。自宅に居ながらインターネットを利用して、パソコンで確定申告書を作成や送信することができます。

このシステムは「e-Tax（イータックス）」と名付けられており、月曜日から金曜日であれば、たとえ17時の税務署閉庁後であっても24時間利用可能です。

さらに、2月半ばから3月15日までの所得税の確定申告時期であれば、土日祝日等も含めて全日利用OK、曜日や時間を気にする必要もありません。便利になったものですね。

●まずは「国税庁ホームページ」にアクセス

とはいえ、インターネットのない時代から長年ご自分で、紙の書類で確定申告をされていたサラリーマンも多いはずです。経験も十分、毎年のこととなれば手慣れた作業でしょう。

紙の確定申告であれば、最寄りの税務署へ行き、申告用紙と30ページほどの「確定申告の手引き」を手に入れてしまえば、あとは例年通り。手引きで改正点を確認後、申告用紙の必要箇所に記入して出来上がり。パソコンを開く必要もありません。

この伝統的な申告方法に対して、本書では近年主流となってきた、インターネットを使った申告方法（e-Tax）について説明させていただきます。

では早速始めてみましょう。

まずはパソコンを開き、インターネットブラウザを立ち上げます。検索エンジンに「国税庁ホームページ」と入力し、「検索」をクリック。表示された一覧の中から「国税庁ホームページ（http://www.nta.go.jp/）」をクリック。

すると国税庁のホームページ画面が表示されます（①）。ホームページは不定期に改定されますが、本書ではこれ以後、２０１９年6月時点の画面で解説させていただきます。ホーム画面は、サラリーマンの皆様には全く重要でないので、一瞬で通過してしまいましょう。

●「確定申告書等作成コーナー」へ

さあ、いよいよ本丸へ突入です。

先ほど開いたホーム画面の中段に「分野別メニュー」という枠があります（②）。

その枠の中の「税について調べる」で、「所得税の確定申告」をクリックしてください。

次に開いた画面が「所得税（確定申告書等作成コーナー）」（③）です。

その画面の中段にあるピンク色の「確定申告書等の作成はこちら」をクリック。

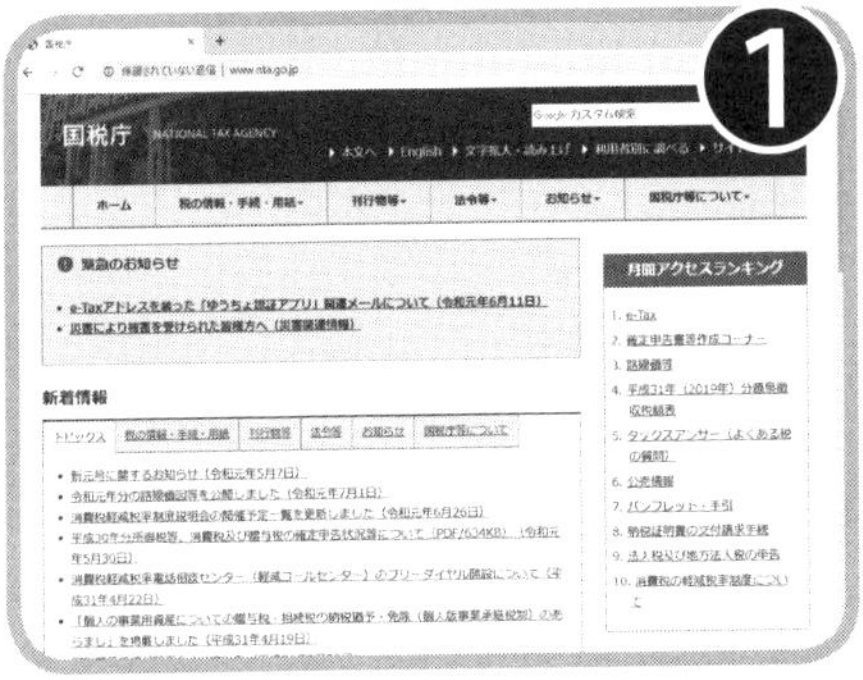

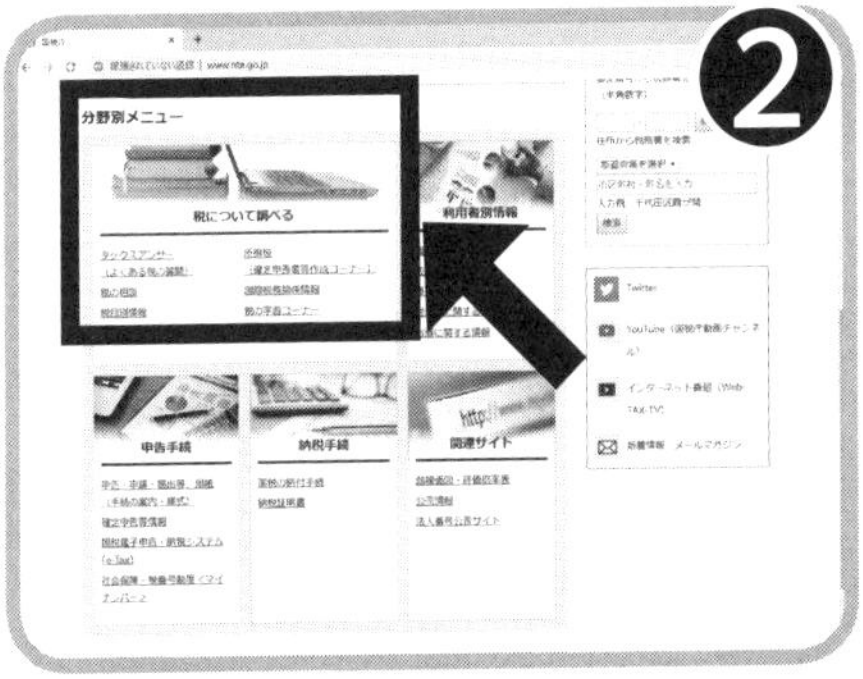

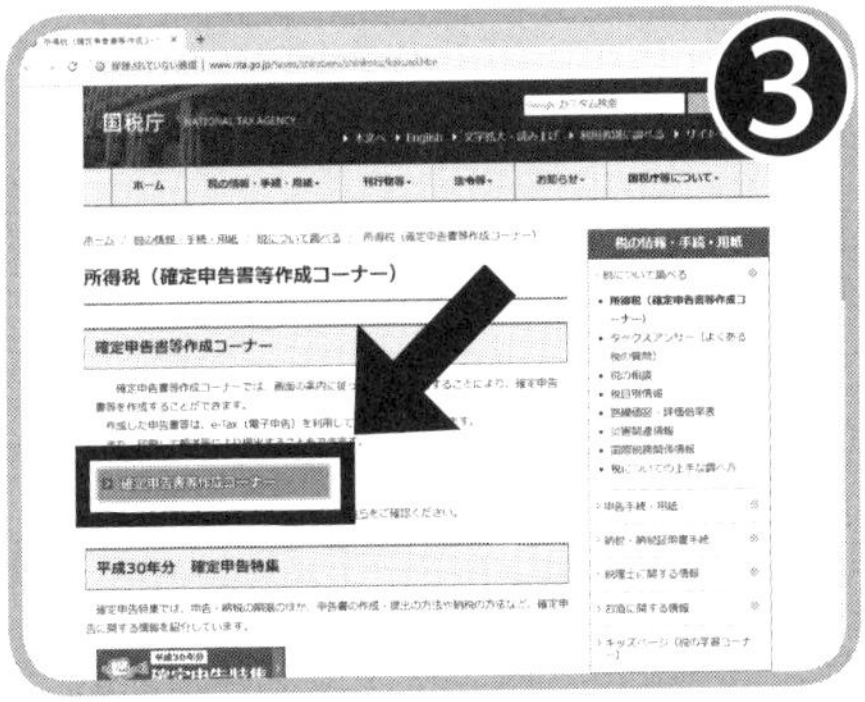

次に出てくる画面④の中段の「作成開始」をクリック。これで準備段階は終了です。

ここまでくると、テレビゲームに近い感覚があるはずです。税務署のホームページであるという緊張感もほぐれて、ワクワク感が出てきたのではないでしょうか。

●提出方法はどれを選ぶ？

次に「税務署への提出方法の選択」という画面が出てきます。

この⑤の画面の上段には緑色のボックスが左右に2つあり、右側は「印刷して書面提出する」、左側には「e-Taxで提出する」と表示されています。

この選択は、初めてインターネットを利用して確定申告しようとする方の場合、少々悩む場面となります。どれを使えば楽なのか、どれが費用的に安く済むのかなど、わからないことが多くあるからです。

さらに悩ましいのが「e-Taxで提出する」を選択した場合、「マイナンバー方式により提出する」「ID・パスワード方式により提出する」のいずれかを選ぶ必要が生じることです（⑥）。要するに、次の3種類の提出方法があることになるのです。

・印刷して書面提出する
・マイナンバーカード方式により提出する（e-Tax）
・ID・パスワード方式により提出する（e-Tax）

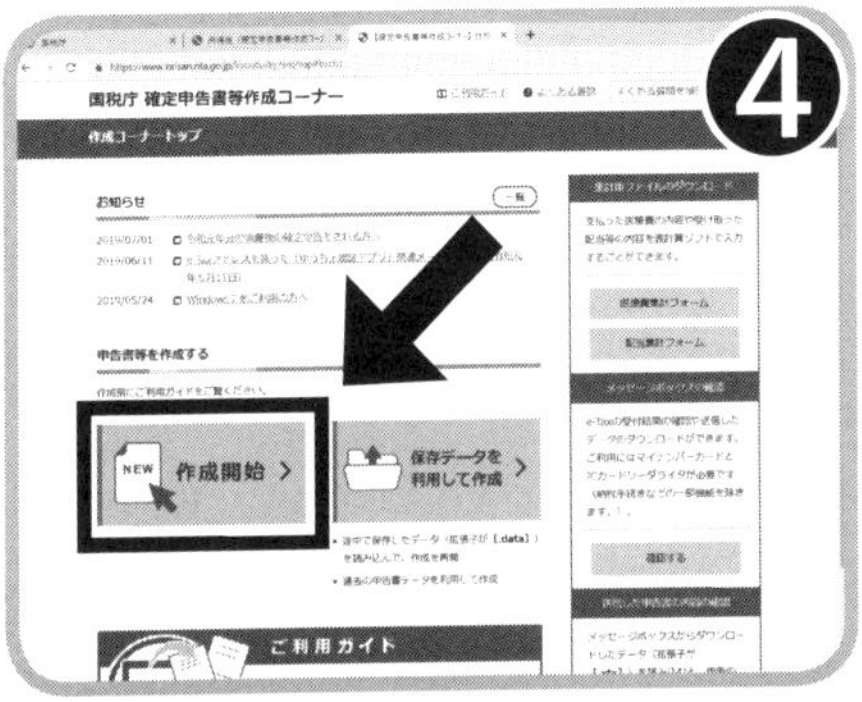

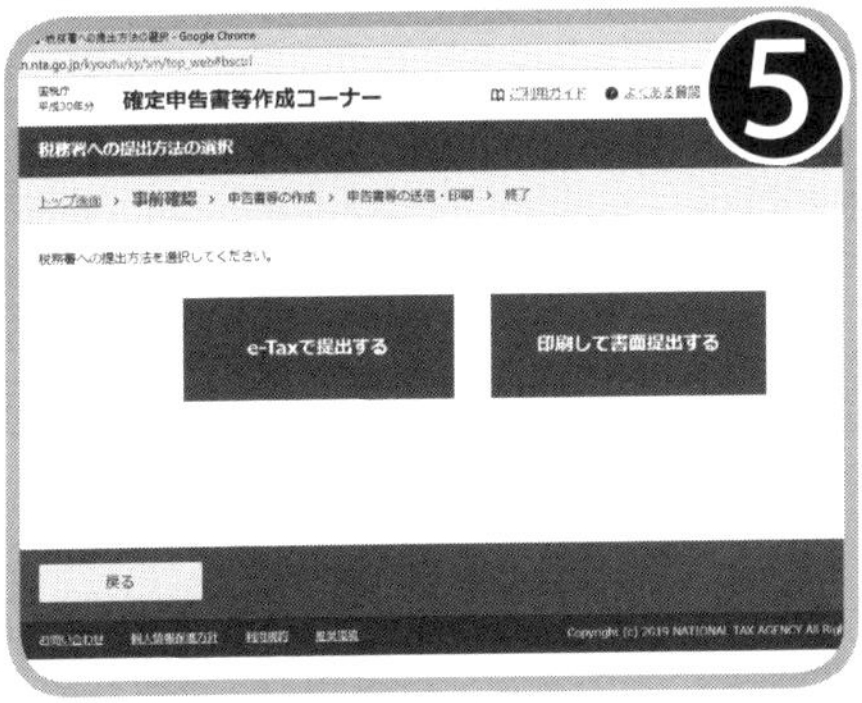

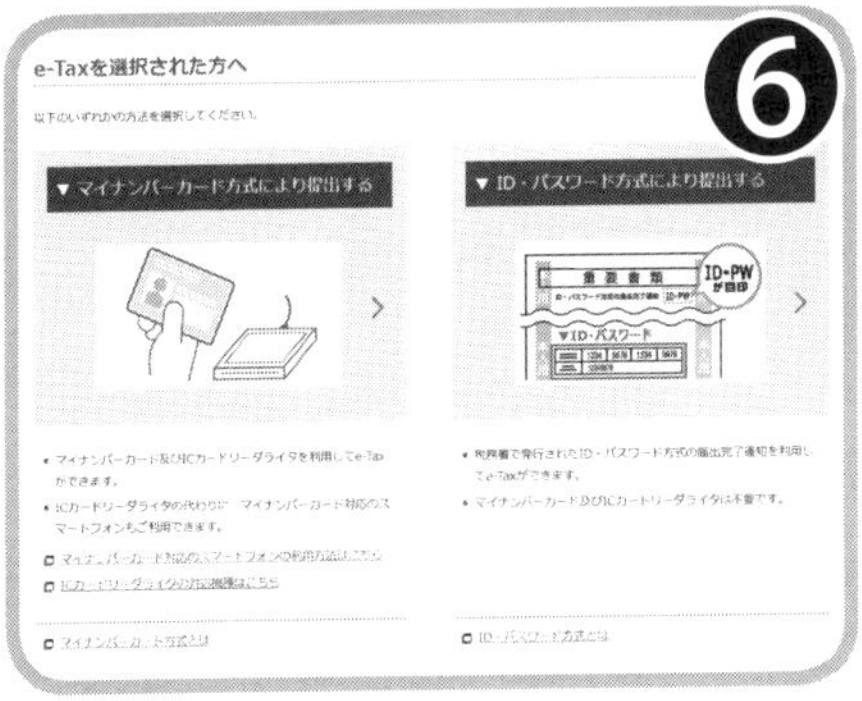

では、あなたはこの3つのうち、どれを選べばスムースに申告ができるのか。
次の説明を参考にしてください。

・印刷して書面提出する

この方式は、パソコンがインターネットに繋がってさえいればOK。画面の流れに従って申告書を印刷し税務署に持参、あるいは郵送で完了。パソコンはキーボードが打てるレベルで十分です。

・マイナンバーカード方式により提出する（e-Tax）

この方式は、あなたがマイナンバーカードを所有していることが前提です。

さらにパソコンの付属機器であるカードリーダライターを購入する必要があります。また パソコンに関する一定の習熟度が要求されます。

・ID・パスワード方式により提出する（e-Tax）

この方式では、税務署へ出向き職員との対面による本人確認を行い、「e-TaxのID・

パスワード」を受領します。

このＩＤ・パスワードを使用して、ｅ－Ｔａｘにより申告を行います。マイナンバーカードとカードリーダライターは不要です。パソコン習熟度は並で大丈夫。

このように3種類の提出方法には一長一短があります。これらの中から、あなたが最も利用しやすいと感じた方法を選択すれば良いでしょう。

「医療費控除」でおためし入力をしてみよう

ではこの辺で、本番前の練習として、パソコンで確定申告書を作成してみましょう。インターネット上で国税庁のホームページに入力したとしても、いきなりこちら側の入力データが吸い取られることはありませんから、安心して練習してみてください。

作業レベルとしては、普段のパソコン作業において、文字入力ができれば全く問題ありません。

練習のお題としては「医療費控除」あたりが簡単で最適でしょう。

①【準備入力ステージ】…ひとまず「書面提出」を選ぶ

まず先ほどの「e-Tax」と「書面提出」の選択画面で、とりあえず簡単な方の「書面提出」をクリックして進めてみましょう。

ここより先、準備入力ステージの8画面ほどは、単純なクリック操作主体で進み続けるだけで、説明を加えるようなレベルにはありません。

念のため、準備入力ステージのタイトルおよびクリック等の操作手順を左の表で示しました。

これを参考に、準備入力ステージは一気に駆け抜けてください。

①【準備入力ステージ】の操作手順

申告書等印刷を行う前の確認

↓ 推奨環境等に目を通し [利用規約に同意して次へ] をクリック

作成する申告書等の選択

↓ [×× 年分の申告書等の作成] をクリック

↓ [所得税] をクリック

入力方法選択

↓ 左欄「給与・年金の方」の [→作成開始] をクリック

申告書の作成を始める前に

↓ そのまま [次へ>] をクリック

提出方法の選択等

↓ 上段の [確定申告書を印刷して税務署へ提出] は確認のみ

↓ 下段でご自分の生年月日を入力し、[入力終了(次へ)>]

所得の種類選択

↓ 一番上の [給与のみ] にチェック

給与所得の内容等選択

↓ 上段で [給与の支払者は 1 か所のみである] チェック

↓ 下段で [年末調整済みである] にチェックし、[入力終了(次へ)>]

適用を受ける控除の選択

↓ [医療費控除] にチェック

②【源泉徴収票入力ステージ】…「源泉徴収票」の内容を入力しよう

①の「準備入力ステージ」の最後の画面で「医療費控除」にチェックを入れると、「給与所得の入力（1／3）」の画面に移ります。

これより5枚の画面では、源泉徴収票に記載された各項目を入力する「源泉徴収票入力ステージ」となります。

ここでは練習なので、適当な金額を入力したいところです。ところがそうすると「入力内容に誤りがあります。勤務先または最寄りの税務署へご確認ください」という趣旨の拒否表示がなされ、先へは進めなくなってしまいます。

もちろん、税務署への確認の電話など避けたいところでしょう。

ここは、会社から支給されたご自分の源泉徴収票をお手元に用意し、実際額を入力してみてください。年末調整前の時期でしたら、前年分の源泉徴収票でＯＫです。

この「源泉徴収票入力ステージ」は、その名の通り源泉徴収票を見ながら単純に入力す

②【源泉徴収票入力ステージ】の操作手順
給与所得の入力（1／3）
①支払金額・②所得控除の額の合計額・③源泉徴収税額を入力
給与所得の入力（2／3）
↓　④１６歳未満扶養親族の数など該当すれば入力
給与所得の入力（3／3）
↓　⑧支払者（会社等）を入力
給与所得の入力内容確認
↓　そのまま [次へ>] をクリック
収入・所得金額の入力
↓　そのまま [入力終了（次へ）>] をクリック

るだけのステージになります。リラックスしてご入力ください。

このステージでも参考のために、上の表で操作手順を示しておきます。

③【医療費控除入力ステージ】…医療費を入力しよう

次はいよいよ「医療費控除」の入力ステージに突入です。

実際に医療費控除を受ける場合には、領収書の枚数が数十枚あったりします。

でもここは練習なので、多くの領収書を入力するようなことはせずに、一番簡単な「医療費の合計額のみ入力する」の方法で進んでみましょう。

独身サラリーマンの場合、入院や手術などをしない限り、医療費はなかなか10万円を超えないかもしれません。

一方、家族数が2人、3人、4人、と増えるにつれ、入院等がなくても容易に10万円を突破したりもします。

左の表の「A・支払った医療費の合計額」では切りのいい金額で「30万円」と入力してみましょう。

医療費控除の場合は、所得がよほど少なくない限り、足切額は10万円と設定されています（69ページ）。そのため医療費控除額は20万円ということになります。

④【住民税入力〜印刷ステージ】…「住民税等」から印刷まで

先ほどのステージでは、「医療費控除による所得税の還付額」の目安を確認されたと思います。

③【医療費控除入力ステージ】の操作手順

所得控除の入力

↓　医療費控除の欄の「入力する」をクリック

適用する医療費控除の選択

↓「医療費控除を適用する」のボックスをクリック

「入力方法の選択（医療費控除）」の上段「入力方法の選択」

↓　3番目の「医療費の合計額のみ入力する」にチェック

「入力方法の選択（医療費控除）」の下段「合計額の入力」

↓「A支払った医療費の合計額」に30万円を入力

↓「B生命保険や社会保険などで補填される金額」は入力せず

↓　右下の「次へ進む」をクリック

計算結果の確認（医療費控除）

↓「G医療費控除額」の20万円(原則)を確認

↓「次へ進む」をクリック

所得控除の入力

↓　そのまま「入力終了(次へ)>」をクリック

計算結果の確認

↓「還付される金額は××××円です」を確認

↓「次へ>」をクリック

「意外と大きいな、ラッキー！」と感じられたでしょうか、それとも「たったこれだけか、残念！」と感じられたでしょうか。

還付額はすべてのサラリーマンが一律ではなく、各人の所得税率の高低に影響を受けます。医療費合計額が30万円の場合、最高税率の方で9万1８００円、最低税率の方で1万２００円と還付額は大きく異なります。

あなたはどの辺りに位置するでしょうか。

ここからはラストスパートとなります。

ゴールまでのステージは「住民税等入力～印刷ステージ」です。

左の表の最下段は「帳表表示・印刷」となっていますが、今回は練習の意味も含めたお試し入力にすぎませんので、このうち「帳表表示」で仕上がりを画面で確認していただくだけで十分です。

もし、パソコン画面上だけでは心もとないと感じられるならば、「印刷」をクリックして、手に取って確認してみてください。

これでお試し入力は終了です。本番の確定申告が待ち遠しいですね。

④【住民税等入力～印刷ステージ】の操作手順
住民税等に関する次項の入力
↓　該当する項目にチェック
↓「入力終了（次へ）>」をクリック
住所・氏名等入力（1／3）
↓「受取方法」であなたの銀行口座を入力（適当でもＯＫ）
↓「入力終了（次へ）>」をクリック
住所・氏名等入力（2／3）
↓　氏名～世帯主等　を入力
↓「入力終了（次へ）>」をクリック
住所・氏名等入力（3／3）
↓　納税地～××年1月1日の住所　を入力
↓「入力終了（次へ）>」をクリック
マイナンバーの入力
↓　マイナンバーを入力（キャンセルでも可）
↓「入力終了（次へ）>」をクリック
申告書等印刷
↓「帳表表示・印刷」をクリック

住民税もダブルで還付される

これまで見てきたように、所得税の還付額は国税庁ホームページでお試し入力することによって知ることができます。

実際に所得税の還付申告を行った場合も、還付申告書にハッキリと表示された還付税額が、申告後1ヵ月程度であなたの銀行口座に振り込まれてきます。

ただその所得税の還付は、先にも少し触れましたが、申告による還付メリットの全てではありません。ほとんどの還付申告においては、所得税の他にも住民税が還付、厳密に言えば「減税」となってくるのです。

たとえば所得税の還付額が2万円である場合には、住民税の減税額もおおよそ同額の2万円となります。つまりトータルで、なんと倍額の還付（減税）を受けられるのです。

住民税減税額の計算はとても単純で、医療費控除額が20万円の場合は次のようになります。

住民税減税額＝医療費控除額20万円×住民税率10％＝2万円

所得税の還付額は、還付申告書や銀行通帳で容易に確認できます。
ところが住民税の方は、減税されてきてもその実感が全くありません。せっかく減税されてきているのに全く実感を得られない理由は、給料からの天引きで処理が完結してしまうからです。

住民税は所得税の還付申告をした年の6月から翌年5月にかけて、毎月分割で天引きされます。つまり、毎月の天引額が減少することによって、気づかないうちに住民税の減税処理が完結してしまうのです。

なお平均的な所得のサラリーマンの場合、住民税の減税額は所得税の還付額とほぼ同額と考えて構いません。

ただ所得税は累進税率が適用されています。そのため、年収（年金給与）がおおよそ

600万円を超える場合は所得税還付額の方が大、おおよそ350万円以下の場合は住民税減税額の方が大、とそのバランスに微妙な変化が生じることとなります。

スマホでも気軽に申告できる

スマートフォンの進化は留まるところを知らず、最近ではパソコンの機能を上回ったとまで言われています。そのため、スマホですべてを済ませ、パソコンを所有しない人達も増えてきているようです。

このような状況も考慮され、2019年より確定申告もスマホでお気軽に済ませることができるようになりました。

ただし気軽に済ませられる分、「給与支払先が一件のみ」のように比較的単純な内容の確定申告に限られ、今のところ複雑な内容の申告はできません。

スマホ申告の方法は次の2種類に限られ、パソコンでの3種類の方法よりもいくらか制限されています。

①ID・パスワード方式により提出する
②印刷して書面提出する

このうち①の場合は、いったん税務署に出向き、ID・パスワードの登録をする必要があるので、この点は多少のネックとなります。

②の場合は、作成した申告データをパソコンに移し、プリントアウトして税務署へ郵送する必要があります。それならわざわざスマホを使わずに、最初からパソコンで作業した方が早かった、という本末転倒状態にもなりかねません。

いずれにしてもスマホ全盛のこのご時世です。今後不都合な点も徐々に改良され、将来的にはスマホ申告が確定申告の主流になる可能性をも秘めているようです。

［コラム］マイナンバーは書かなくてもいい？

皆様ご存じの通り、「マイナンバー制度」は2015年より「行政の効率化」、平たく言えば税金や社会保険料の徴収漏れをなくす目的などのために創設された制度です。

元来の目的が、税金や社会保険料の完全徴収を目指すものであるだけに、公的機関や金融機関からマイナンバーの提供を求められると、自然と身構えてしまいがちです。

先程の「確定申告・お試し入力」の際にでさえ、マイナンバーを入力しないと先へは進みにくい仕組みが取られていました。その画面では、どうせわからないだろうと適当にマイナンバーを入力したとしても、はじかれてしまう不思議な設定がなされていましたね。

筆者が関与先の確定申告や年末調整を行う際も、お上（国）の勝手に従いたくないと、時々マイナンバーの提供を断固拒否される方がいらっしゃいます。ただ当面は拒否していただいても、特に問題はありません。

税務署側でも、マイナンバー制度に対する国民理解の浸透には一定の時間がかかる点などを考慮し、高圧的にマイナンバーの提供を求める対応は慎むこととしています。

ですので当面は確定申告書提出の際も、マイナンバーは書かなくても税務署では受け付けてくれます。罰則もありません。

「確定申告・お試し入力」においてマイナンバー入力画面で引っかかった場合でも、「キャンセル」をクリックすれば、先へ進める設定になっています。安心してください。

4章

副業で個人事業主になればもっと節税できる

副業規定が見直されている今、始めるべきこと

サラリーマンにとって「**副業**」とはなんと魅力的な言葉なのでしょう。副業することにより収入が増え、1ランクも2ランクも上の贅沢な生活を夢見ることができるからなのでしょうか。

確かに収入の増加が副業の主な理由には違いありませんが、それ以外にも様々な理由があるようです。「2017年版ダブルワーク意識調査」では副業をする理由として、

・副収入が必要
・空いた時間の活用
・貯金をしたい
・いろいろな仕事を経験したい

などが挙げられています。特に若い世代の20代男女では、副業解禁の方針には9割が賛成しているようです。

以前はサラリーマンが副業をするなど「もってのほか」であり、サラリーマン自身もなぜ副業が禁止されているのかについて疑うことすらありませんでした。

副業は兼業とも呼ばれ、収入を得るために行う本業以外の仕事のことです。従来は副業をすることにより本業がおろそかになったり、機密漏洩の危険を防止したりするなどの理由から、就業規則には当然のように副業禁止規定が盛り込まれていたものです。

ところがここへ来て、「働き方改革」の一環として、政府が旗振り役となり、**「副業禁止から副業容認へ」**と、突如180度の方針転換が図られることになりました。

具体的には2018年1月、政府が作成・公表している「モデル就業規則」において「許可なく他の会社等の事業に従事しないこと」という副業禁止規定が削除され、副業・兼業を容認する規定が新設されたのです。

本来は民間企業が、法的拘束力のない「モデル就業規則」に従う必要は全くありません。

しかし改定された以上、今後就業規則を作成したり改定したりするつど、あえて政府の方針に対抗して、副業禁止規定を入れるエネルギーを維持し続けるのも大変なことです。そのため今後は自然と、副業・兼業の容認が原則になってくるでしょう。

そもそも法的に解釈しても、副業禁止規定を就業規則に入れ込むことなど認められません。退社後のプライベートな時間まで拘束する権利は、会社側にはないのです。それが証拠に過去の裁判でも、一部を除き副業禁止を主張する企業側が敗訴し続けています。

このような副業規定見直しの流れを受けて、サラリーマン自身も副業について無関心ではいられない時代となってきました。

ただ会社から給料をもらっている以上、会社のルールを無視して、やみくもに副業をスタートするわけにはいきません。まずは**会社の就業規則の確認**が必要です。

「就業規則なんて見たこともありません」と言うサラリーマンもいらっしゃるでしょう。しかし従業員が10人以上いる会社において、就業規則の作成および労働基準監督署への届出は、労働基準法により強制されています。会社はその写しを従業員に周知する義務もあるので、たとえば食堂や休憩室などにぶら下げてあったりするはずです。

就業規則に、副業について一切書かれていない場合、あるいは就業規則そのものが作成されていない場合は、裏読みすれば副業は問題なしということになります。

一方、就業規則に「原則禁止」と書かれている場合は、例外ＯＫとも解釈できますから、会社に伺いを立てて、例外を認めてもらってから副業をスタートすれば良いでしょう。

なんだかワクワクしてきましたね。

副業で収入を得たら確定申告は必要か？

サラリーマンの心境としては、副業で収入を増やしたい反面、確定申告に要するわずらわしさは避けたいところです。当然の心理ですね。

ではサラリーマンが副業で収入を得たら、確定申告は必ず行わなければならないのでしょうか。

答えは**「必ず」ではありません。**サラリーマンに関しては、10種類の所得の種類ごとに、次のように様々な申告不要規定が設けられています。

- 定期預金の利息などの「利子所得」は仮に100万円受け取っても申告不要
- 株式配当金は1銘柄年間10万円以下であれば申告不要
- 賃貸収入を得た場合の「不動産所得」は計算結果が赤字であれば申告不要
- 個人事業で収入を得た場合の「事業所得」も同様に赤字であれば申告不要
- アルバイト収入などの「給与所得」は源泉徴収されていれば少額なら申告不要
- 退職金を受け取った場合の「退職所得」は
  会社の方で所定の処理がなされていれば申告不要
- 生命保険の満期金などの「一時所得」は
  払込保険料との差益が50万円以下であれば申告不要
- 公的年金などの「雑所得」は公的年金控除後の額が少額であれば申告不要

以上は基本的な規定のみを挙げたもので、実務的には各人ごと年分ごとに、そのつど実際の収入金額等をもとに申告不要か否かを最終判断することになります。

「20万円ルール」で確定申告不要を目指そう

サラリーマンが副業を行う場合、開始初年度からいきなり大きな額の収入を得るケースは稀でしょう。最初は少額の収入が発生し、軌道に乗れば徐々に大きくなっていくのが普通です。

税務署としても、まさか1000円の副業収入を得たからといって確定申告しろとは言いません。基本的には、この副業収入が年間20万円を超えた時点で確定申告を要求してきます（**20万円ルール**）。

この20万円に関しては、給与を何ヵ所から受けているかによって、次のように内容が異なります。

①給与を1カ所から受けていて、その給与が源泉徴収されている場合
…各種の所得金額（給与所得、退職所得を除く）の合計額が20万円を超えた場合
②給与を2カ所以上から受けていて、それらの給与が源泉徴収されている場合
…年末調整されなかった給与の収入金額と、各種の所得金額（給与所得、退職所得を除く）の合計額が20万円を超えた場合

分かりやすく言えば、**本来の勤務先からの給与以外で発生した所得が20万円を超えた場合に、確定申告が必要になる**ということです。

また副業を開始する時期によっても、確定申告の要否に影響します。

確定申告は、1月1日から12月31日までの暦年の収入を基に計算されます。ですので1月に副業を開始すれば12ヵ月分の収入金額、12月に開始すれば1ヵ月分のみの収入金額、と12倍の開きが生じます。

副業開始初年度は、遅めの月に副業をスタートすることも、確定申告を省略するための選択肢の一つとなりますね。

副業収入は月に5万円未満が圧倒的だというデータもあるように、年間で20万円という

金額は、サラリーマンが副業をする際に該当しがちな額になります。わずかのことで20万円を超えそうな場合は、可能であれば年末の12月に発生する収入を翌年へ後ろ倒しするなどして、その年の収入を20万円以下に抑える対策も必要でしょう。それにより、数万円の節税メリットを得られる可能性が出てきます。

ただし無理は禁物です、あくまでも合法的な範囲内で調整をしてください。

「30万円ルール」にも注目しよう

所得税における確定申告が不要となる20万円ルールは前項で見ていただいた通りですが、それとは別に、30万円以下の所得が申告不要となる**「30万円ルール」**というものも存在します。

この30万円ルールを適用することができるのは、副業収入のうち「生活用動産の譲渡による所得」の一部です。最近ではネット売買等が中心となるかもしれません。

具体的には貴金属や宝石、書画、骨とうなどで、1個または1組の価格が30万円を超えるものの譲渡による所得には課税されます。

これを裏読みすれば、**30万円以下の貴金属や宝石、書画、骨とうの譲渡であれば申告が不要**ということになります。

対抗策としては、もし30万円をわずかに超える額で譲渡する場合は売値を30万円ぴったりにする、1個20万円の貴金属等を2個40万円で譲渡する場合は、このうち1個の譲渡を翌年に回す、などが節税テクとなります。

では、貴金属等以外の物品の譲渡はどうなるでしょうか。たとえば自己使用していた家具、通勤用の自動車、衣服などの生活に通常必要な資産の譲渡です。

これらは所得税法上「所得税の課されない譲渡所得」と規定されており、どうぞご自由にという税務上の扱いです。いわばフリープライスということです。

安心して自由な値付けをして、ネットオークションなどを楽しんでください。

給与は給与所得、事業は事業所得か雑所得

サラリーマンがアルバイト収入を得た場合は「給与所得」に該当します。これはたいへん分かりやすいですね。

一方、小規模であっても事業収入を得た場合やフリーランス収入を得たような場合は、**「事業所得」**または**「雑所得」**のいずれかに該当することになります。

こちらの方は、いったいどちらに該当するのかで頭を悩ませることになります。

収入金額に差がないのであれば、どちらに該当しようが関係なさそうなものです。ところが、どちらに該当するかによって、税額に差が生じてくる可能性があるのです。

差が生じる理由は、「事業所得」に該当すると「雑所得」では得られない多くの税務上の特典を利用できるからです。

税務上の特典の主なものは、「青色申告特別控除」「青色事業専従者給与」「損益通算」「純損失の繰越し」「少額減価償却資産の特例」などです。

「それならすべて事業所得に該当させてしまえばいいんじゃない？」と思ってしまいますね。ただ、「事業所得」か「雑所得」かの判断はケースバイケースといえます。さらに税務署の担当官によっても判断が別れたりします。所得区分に関する裁判なども過去多く開かれてきました。

一般的な判断基準としては、片手間的な副業であったり収入が少額であったりする場合は「雑所得」として申告しておくのが無難です。

逆に副業にかなりの労力や時間を割いていたり、収入が年間でおおよそ50万円を超えるような場合であれば、「事業所得」としての申告にトライしてみる価値があるでしょう。

不動産所得や譲渡所得も副業で処理できる

会社の就業規則に副業禁止規定が入っている場合でも、裁判を起こした場合、その規定は無効と判断される可能性が高いことは先にも述べました。

ただ裁判に勝ったところで会社に居づらくなり、いずれは辞めることになる可能性が大ですから、不服ながらも現実的には副業禁止規定に従わざるを得ないでしょう。

ところが副業の中には、この副業禁止規定の対象から外れる**「容認的副業」**というものが存在します。

たとえば、賃貸用アパートのオーナーになれば「不動産所得」が発生します。年間の収入金額は、すぐに数百万円程度にはなるでしょう。

このとき、自主的に賃貸アパートを建設する計画を立ててそれを実行し、オーナーとなったような場合は、会社の就業規則にあるような副業禁止規定に抵触するかもしれません。しかし親が所有していた賃貸用アパートを、親の死亡により相続しオーナーとなったような場合は、副業禁止規定の対象から外れるものと考えられます。

親の死亡は不可抗力ですし、相続した賃貸用アパートを燃やしてしまうわけにもいかないからです。いわば消極的な副業行為で、「容認的副業」に該当すると考えられます。

また、土地や建物を売却した場合は「譲渡所得」が発生します。不動産のことですから、ちょっとした物件でも売却額はすぐに数千万円に上るでしょう。

このときも、先述のように自主的に利益を得る行為を継続して行うような場合は、会社の就業規則にあるような副業禁止規定に抵触するかもしれません。

しかしこのケースでも、親の死亡により相続した土地や建物を売却し、仮に億単位の収入を得たとしても、副業禁止規定の対象から外れるものと考えられます。

親の死亡は不可抗力ですし、相続した土地建物の売却は反復継続して行う営業行為とは言えないからです。こちらの方もやはり「容認的副業」に該当するものと考えられます。

白色申告と青色申告、どっちが有利？

サラリーマンが副業を始め、確定申告をするようになると、「白」のままで行くか「青」にするか、という判断に迫られることになります。

「白」とは「白色申告」、「青」とは「青色申告」のことです。確定申告の形式に色の名前がつけられているというのも、なんだか妙な気がしますね。

色の名前で呼ばれている理由は、かつての申告用紙には本当に色が付けられていて、白色は白の用紙で申告、青色は青の用紙で申告する義務があったからなのです。

今は申告用紙に色はついていませんが、かつての名残でそう呼ばれているのです。

このうち青色は、どのような副業でも利用できるというわけではありません。副業のうち「事業所得」「不動産所得」「山林所得」に該当する場合のみに限られます。

青色を選択した場合のメリットの中心は、所得を減らせる、すなわち税金を減らせることにあります。

具体的には、「青色申告特別控除」「青色事業専従者給与」「純損失の繰越し・繰戻し」などの制度を利用し、副業によって生じた利益を減少させることができます。

一方のデメリットとしては、「申請手続きの繁雑さ」「記帳処理の繁雑さ」などが挙げられます。白色の場合、申請手続の面では、何もする必要はありません。つまり**原則的なのは白色申告**なのです。

これに対して、青色を選択した場合は少々面倒です。青色を選択しようとする年の3月15日までに、管轄の税務署に「青色申告承認申請書」を提出しておく必要があります。年の途中で副業を開始した場合は、副業開始から2ヵ月以内です。

以上のことから、白色と青色のどちらが有利となるかは、副業の内容、利益の度合い、性格の几帳面さ、などが影響するのでケースバイケースと言わざるを得ません。

一般的には、副業開始後しばらくは白色で様子を見ておき、副業が軌道に乗り利益が膨らんできたタイミングで青色に切り替えれば良いでしょう。

青色申告特別控除で「65万円」をゲットしよう

青色による確定申告を選択した場合の節税アイテムのトップバッターは「青色申告特別

控除」です。

控除額は「65万円」「55万円」「10万円」と3段階に分かれます。どうせならこのうち最高額の65万円を狙いたいものですね。

しかしタダで最高額はゲットできません。最高額の65万円をゲットするには、次のような複数の要件を満たす必要があります。

①不動産所得や事業所得を生ずべき事業を営んでいること

②正規の簿記の原則（一般的には複式簿記）により取引を記帳していること

③②に基づき作成した貸借対照表と損益計算書を申告書に添付していること

④電子申告または電磁的記録の備え付けおよび保存を行っていること

【各種控除額】

区分	要　件	控除額
青色申告	①～④を満たす場合	65万円
	①～③を満たす場合	55万円
	上記を満たさない場合	10万円
白色申告		0円

※55万円の区分は2020年より新設

④の要件は、２０２０年分の所得税申告より新たに追加されます。２０１９年分の申告までは不要です。

この要件を満たすには、確定申告用ソフトウェアを購入し、使いこなす必要があるでしょう。それでも、これら全ての要件を充足できる環境にあるサラリーマンならばラッキーです。所得税上で65万円、住民税上で65万円と、合計でなんと１３０万円分もの特別控除を受けられるのですから。

④の要件を満たさない場合は、控除額が「55万円」にダウンします。

この控除額の区分も２０２０年分より適用が開始されます。ソフトウェアの購入代金と保守料の支払いがかかることを考えれば、それほど悪くはないですね。

先の複数の要件を充足できないような場合は、一挙に金額が減少しますが「10万円」の控除額は最低限受けられます。それでも白色申告の控除額「０円」よりは節税になるでしょう。

家族に給料を払って所得をカットする

青色申告による節税アイテムのセカンドバッターは「青色事業専従者給与」です。

これは家族（青色事業専従者）に給料を支払うことにして、その分だけ副業利益を減少させることができる画期的な制度です。

たとえば副業による年間利益が100万円生じた場合に、配偶者や老親等に給料を100万円支払うことにすれば、**副業利益を0円**（100万円−100万円）**に抑えることができるのです。**

この「青色事業専従者給与」制度を利用するには、次の要件を満たす必要があります。

①所轄の税務署に「青色事業専従者給与に関する届出書」を提出しておくこと
②対象の家族が生計を一にする配偶者その他の親族であること
③対象の家族の年齢が15歳以上であること
④対象の家族がその副業に専《もっぱ》ら従事すること

なお注意点としては、いったん青色事業専従者として届け出、わずかでも給与を支払った以上は、控除対象配偶者や扶養親族とすることはできません。

つまり、対象の家族を「青色事業専従者」とした方が得か、「控除対象配偶者・扶養親族」とした方が得か、事前に損得比較をしておく必要があるのです。

損失を数年で取り戻す方法

副業が黒字となった年は税金を支払う必要が生じ、逆に赤字となった年は税金を支払う必要はありません。これは当然のことです。

ところが、副業で黒字になった年でも、税金をゼロにできる節税アイテムがあります。それが**「純損失の繰越控除」**です。この制度も青色申告の特典の一つです。

この制度は副業により損失（赤字）が生じた場合、その**損失額を翌年以後3年間にわたって繰越して、各年分の所得金額から控除できる**制度です。

純損失の繰越控除額を最大限有効に使い切るためには、４年間（損失発生年＋３年間）の時間軸を頭の中に描き、その期間内に繰越控除額を効率よく消化するスケジューリングが必要となってきます。

もう一つ類似の節税アイテムに**「純損失の繰戻し」**という制度もあります。これは副業で損失が生じた場合に、その前年に繰戻して前年分の所得税の還付を受けられる制度です。

もっとも、両制度を併用してダブルで節税できる、というわけには残念ながらいきません。この「純損失の繰戻し」は「純損失の繰越控除」との選択適用となっています。

「家事関連費」も経費になる

副業の活動場所としては、家の外で営業的に行うようなものや、家の中で事務や軽作業的に行うものなど2種類に大別されます。

このうち後者の家の中で副業を行うような場合は、**「家事関連費」**を経費にして節税することも可能です。

家事関連費とは、自宅の賃借料や修繕費、固定資産税、損害保険料、電気代、水道代、ガス代などを言います。

もともと自腹で負担すべき生活費の一部を、経費とみなして副業収入から差し引くことができるのですから、これも立派な節税アイテムの一つと言えます。

家事関連費を経費にするためには**「按分《あんぶん》」**という作業が必要になります。

按分とは、支払った家事関連費のうち副業のために使用した部分を抽出する作業です。

たとえば自宅マンションの賃借料が月額10万円で、部屋数が5室（全て各10㎡）あったと仮定します。このうち1室を副業専用に使用していたとすれば、月額2万円（10万円÷5室×1室）、年額24万円を副業収入より経費として控除することができます。

按分計算の方法は経費科目の種類ごとに、面積や使用時間数、コンセント数の割合など、合理的と考えられる基準を独自に設定しておけば良いでしょう。

ただしそのためには、税務署に質問されたときにつじつまの合った説明ができるように、家の図面や水道光熱費の通知書などの証拠資料を保管しておく必要があります。

この家事関連費を経費に算入する方法も、**青色申告を選択している場合にのみ利用可能**な節税アイテムです。

白色申告での利用が禁止されているわけではありません。ただ白色申告で利用する場合は、科目ごとの経費の主たる部分を副業に使用している必要があるなど、一挙にハードルが高くなります。

ですので無理は禁物、利用するのは青色申告の届を出してからにしておきましょう。

「損益通算」という裏技をマスターしよう

サラリーマンを含む個人の所得には、給与所得、事業所得、一時所得など10種類のものがあることは先に述べました。

これらの中にはマイナスの所得、いわば赤字となり得る性質のものもいくつかあります。このマイナスの所得をその他のプラスの所得から差し引き、全体としての税金を減少させる手続きを**「損益通算」**といいます。

副業を行う場合に損益通算を使える可能性のある所得は、**「事業所得」**と**「不動産所得」**です。


たとえば500万円の給与所得があるサラリーマンが、副業でネットビジネスを始めたとします。ところがその年においては、経費がかかった割に思うように売上が伸びず、50万円の赤字を出したとします。

このケースでは、そのサラリーマンの所得は損益通算によって、450万円（500万円−50万円）となります。確定申告をすれば、減少した所得の50万円に対応する税金が還付されることになるのです。

サラリーマンの場合は、毎年安定した給与収入が所得のベースにあるので、損益通算を利用することで通常は税金が還付になります。つまり副業で赤字を出してしまったとしても、セーフティーネットがあるということになります。

歩合制の給与を受け取っているサラリーマンであれば、成績が良く年間給与総額がふくらみそうな年には、副業の方で思い切り赤字を出すことで税額を平準化するなど、損益通算を裏技的に使うこともできるでしょう。

「免税事業者」になって消費税を払わない

サラリーマンが副業を行う場合、いわゆる小規模事業者のレベルを超えるケースは少ないでしょう。

ただし利益額は小さくても、副業の種類が卸売業に該当するような場合、売上額が意外と大きくなるケースがあります。売上総利益率が低いとそのようになるのです。

たとえば副業の種類が卸売業で、その売上総利益率が5％であったとします。この場合は売上総利益がわずか50万円であったとしても、売上額は1000万円（50万円÷5％）に達してしまいます。

「いったい、それがどうした？」という話になるのですが、副業でいくら売上額が伸びたとしても、**1000万円のラインだけは超えるべからず**、と言いたいのです。

消費税においては、売上高が1000万円以下であれば免税事業者として消費税の納税義務はありません。ところが1000万円を超えた途端、消費税の課税事業者になってしまいます。

厳密に言えば、課税標準（いわゆる消費税抜売上高）が1000万円（免税点）を超えた場合、その2年後の年において消費税を納める義務が発生します。課税事業者になると、通常はいきなり数十万円の消費税を納める必要が生じることになるのです。

ですので秋口まで来て、その年の売上高が1000万円を超えると予想される場合には、売上の一部を翌年に回して売上高が1000万円を下回るようにするなど、最低限の防衛策が必要となってくるでしょう。

「簡易課税」という保険

国税収入には所得税、法人税、消費税、相続税、贈与税、その他多くの税目がひしめいています。これらの中で飛ぶ鳥を落とす勢いなのが消費税です。金額的にも近い将来トップになると見られています。

消費税率は、1989（平成元）年に3％で導入以来上がり続け、留まるところを知りません。将来的には20％に限りなく近づくとも言われています。

税率の上昇はサラリーマンが自営タイプの副業をする場合においても、大きな影響を与えかねません。課税標準（いわゆる消費税抜売上高）が1000万円を超えるようなことがあると、ケースによっては税額が100万円近くに及ぶ可能性もあります。

もし副業サラリーマンが消費税の納税義務者になった場合は、保険として「簡易課税制度」を利用する対策が有効です。

「簡易課税制度」とは、実際に消費税を払わなくても業種区分に応じた「みなし仕入率」により消費税を払ったものとみなして、国に納める消費税を減額できる制度です。

業種区分は左の表の通りです。

たとえば小売業で1200万円の売上があった場合、実際の仕入等が600万円であったとしても960万円（1200万円×80％）の仕入等があったものとみなし、240万円分（1200万円−960万円）の消費税しか払う必要がありません。

一般的には簡易課税を選択した方が消費税はずっと低額になります。

簡易課税を使って少ない消費税を払うか、使わずに大きな消費税を払うかは雲泥の差です。

副業売り上げが順調に増加し、消費税の納税義務者となる1000万円ラインがかすかにでも見えてきたら、忘れないうちに「簡易課税選択届出書」を税務署へ出しておくことをお勧めします。

なお、申告年の前々年（基準期間）の課税標準が5000万円を超えていた年分については、残念ながら簡易課税は使えません。

【簡易課税みなし仕入率】

事業区分	みなし仕入率	該当する事業
第１種事業	90%	卸売業※
第２種事業	80%	小売業※
第３種事業	70%	製造業、農林漁業など
第４種事業	60%	飲食店業など
第５種事業	50%	金融保険及びサービス業など
第６種事業	40%	不動産業

※一般的な「卸売業・小売業」の意味合いとは少し異なります。

ただ、サラリーマンの副業レベルでなかなかその金額には達しないでしょうから、これはまさに「老婆心」でしたでしょうか。

［コラム］副業が会社にばれるのは恐い？

就業規則に副業禁止規定が入っていた場合、会社の主張するルールによれば副業はできないことになります。

では「できない」というのは、金額的にどの程度からを意味するのでしょうか。

所得税の「20万円ルール」のように、20万円まではオーケーですよ、などとハッキリ決めてくれれば助かるのですが。

たった一年に一度だけ、時給１０００円のアルバイトを1時間だけ頼まれて、わずか１０００円を受け取ったような場合はどうなるのでしょうか。

まさか１０００円のことでわざわざ会社に申告する律儀なサラリーマンも少ないでしょうし、１０００円を申告する真面目なサラリーマンであれば最初からそのアルバイトは断るでしょう。

現実的には、会社に内緒で副業をしているサラリーマンはいくらでもいます。

この副業も収入が小さいうちは滅多に会社にばれることもないのでしょうが、収入や所得が膨らんでくるとそのうち会社にばれてしまいます。

なぜばれてしまうのかというと、住民税には「特別徴収制度」があるからです。

つまり、給料から住民税を天引きする制度が影響して会社に知れてしまうのです。

副業による所得が膨らんでくると、その分の住民税も膨らみます。その分の住民税も加算されて会社の給与から天引きされるため、給与にそぐわない異常な額の住民税になってしまうからです。

会社は不良社員洗い出しの目的も兼ねて、この辺りはチェックしています。

本来会社からの給与以外の所得は、個人のプライバシーに関わる問題なので、会社側がそのプライバシー情報を要求する権利はありません。

権利はないのですが特段要求しなくても、自動的に社員のプライバシー情報が会社に通知されてしまうという、理不尽な住民税の仕組みが取られているのです。

このような、住民税が元となる会社との無用なトラブルを避けたい場合は、「確定申告書・第二表・住民税」の欄で「住民税徴収方法の選択」を「給与から差引き」ではなく「自分で納付」を選択すればOKです。

自分で納税する手間は増えますが、会社に副業を知られトラブルになる可能性はグッと低くなります。

あとがき

最後までお読みいただきありがとうございます。

読後感はいかがでしたでしょうか。税金に関わる内容ですから、難解に感じられる部分もあったかと思います。

この日本という国は、全国約６０００万人のサラリーマンによって成り立っています。それらサラリーマンが毎月、毎年、安定的に多額の税金を国や県、市区町村に、真面目に文句も言わず納付し続けています。ましてや、みなし税金とも称される多額の社会保険料も同じです。

こう考えると、サラリーマン人生を全うした暁には、国などから表彰状をもらってもよさそうなものですね。

表彰状はいらないとしても、一生を通じて多額の税金を支払っているサラリーマンであるからこそ、自分と家族の生活を守るためにも節税に無頓着ではいられません。

かつて現役サラリーマン期間は約30年でした。なぜなら50歳そこそこで定年となり、現役をリタイヤしていたからです。ところがその後、国民の高齢化とともに現役サラリーマン期間は猛烈な勢いで伸び続け、70歳定年も叫ばれ出した今日、約50年にも達しようとしています。ということは、サラリーマンが節税することによる付加価値は、かつての約7割増しになっている、と見ることもできます。

1年あたりの節税額はわずかでも、それが50年となれば総額で数百万円、ケースによっては数千万円に及ぶかもしれません。

本書では様々な節税テクニックを紹介させていただきましたが、これらはいわば基本レベルです。**「節税は最高の知的ゲームである」**と言われたりもします。皆様は、ご自分の環境を判断し、基本レベルの上を行く応用レベルの節税を成功させてください。

節税で生み出された資金で、潤いや余裕のある生活を楽しみ、ひいては家庭円満に貢献し、リタイヤ後の老後資金を潤沢に確保するまでになれば幸甚です。

梅本　正樹

参考文献

「国税庁」ホームページ（http://www.nta.go.jp/）
「厚生労働省」ホームページ（http://www.mhlw.go.jp/）
「総務省」ホームページ（http://www.soumu.go.jp/）
「全国健康保険協会」ホームページ（http://www.kyoukaikenpo.or.jp/）
「日本年金機構」ホームページ（http://www.nenkin.go.jp/n/www/index.html）
「日本税理士会連合会」ホームページ（http://www.nichizeiren.or.jp/index.html）
「社会保険労働保険実務取扱全集」株式会社日本実業出版社
「ＪＯＵＲＮＡＬ ｏｆ Ｆｉｎａｎｃｉａｌ Ｐｌａｎｎｉｎｇ」日本ＦＰ協会

【著者紹介】梅本正樹（うめもと・まさき）

税理士・社会保険労務士・中小企業診断士・ファイナンシャルプランナー（日本ＦＰ協会ＡＦＰ）。

1960年生まれ。石川県金沢市出身。大阪府立大学経済学部経営学科卒。

トータルで約30年間、税理士・社会保険労務士・中小企業診断士・ファイナンシャルプランナーの業務に従事。他の保有資格等としては、宅地建物取引士（有資格者）。

これらの資格を相乗的に活用することにより、関与先である法人及び個人及びその役員や社員その他の世帯可処分所得を、無理なくムラなく無駄なく増加させる研究に邁進。実務では確定申告や年末調整等を通じて、延べ１万件を超える世帯の節税に貢献している。

著書に『知らないと損をする配偶者控除』（秀和システム）、『シニアのなっとく家計学』（水曜社）、『起業・法人化を考えた時に読む本』（彩図社）。

超実践！ サラリーマン節税術

2019年9月20日第一刷

著　者　梅本正樹
発行人　山田有司
発行所　〒170-0005
株式会社　彩図社
東京都豊島区南大塚 3-24-4
MT ビル
TEL：03-5985-8213　FAX：03-5985-8224
イラスト　ヤンロン
印刷所　シナノ印刷株式会社
URL　http://www.saiz.co.jp　https://twitter.com/saiz_sha

ISBN978-4-8013-0398-0 C0033
落丁・乱丁本は小社宛にお送りください。送料小社負担にて、お取り替えいたします。
定価はカバーに表示してあります。